PYTHON MASTER

파이썬
마스터

3급

python™

KAIT 파이썬마스터 자격검정

파이썬(Python) 이란?

- 파이썬은 1991년 프로그래머인 귀도 반 로섬(Guido van Rossum)이 발표한 고급 프로그래밍 언어로, 플랫폼에 독립적이며 인터프리터, 객체지향적, 동적 타이핑(Dynamically typed)의 대화형 언어이다. 파이썬의 이름은 귀도가 좋아하는 코미디(Monty Python's Flying Circus)에서 따온 이름이다. 파이썬은 비영리의 파이썬 소프트웨어 재단이 관리하는 개방형, 공동체 기반 개발 모델을 가지고 있다.

파이썬(Python)의 개요

- 파이썬은 초보자부터 전문가까지 사용자층을 보유하고 있는데 그 이유는 누구나 쉽게 접근하여 대부분의 응용 소프트웨어에서 사용 가능하기 때문이다.
- 동적 타이핑(Dynamic typing) 범용 프로그래밍 언어로, 펄 및 루비가 있는데 파이썬과 자주 비교되지만 다양한 플랫폼에서 쓸 수 있고, 라이브러리(모듈)가 풍부하여, 대학 및 다양한 교육기관, 연구 기관 및 산업계에서 이용이 증가하고 있다.
- 파이썬은 순수한 프로그램 언어로서의 기능 외에도 다른 언어로 쓰인 모듈들을 연결하는 풀언어(Glue language)로써 자주 이용된다. 실제 파이썬은 많은 상용 소프트웨어의 스크립트 언어로 채용되며 호환성이 계속적으로 추가 되고 있다. 그 대표적인 것이 요즘 가장 트랜드한 AI 기반의 딥러닝 개발에 파이썬이 메인 언어로 자리 매김하였다.

파이썬(Python)의 역사

- **(파이썬 2.0)** 2000년 10월 16일에 배포되었으며 이전 파이썬에서 볼 수 없는 많은 기능들이 추가되었다. 그중에서는 자바와 같은 가비지 콜렉터(Garbage Collector) 탑재를 들 수 있으며 유니코드 기능이 특징적이다. 또한 파이썬의 개발 자체도 공동체의 지원을 받는 형태로 변화하였다.

- **(파이썬 3.0)** 오랜 시간동안 테스트를 거쳐 2008년 12월 3일자로 발표되었으며 파이썬 3.0의 가장 큰 특징은 파이썬 2.0 버전과 하위 호환성이 없다는 것이다. 이에 처음으로 파이썬을 시작하는 프로그래머들은 파이썬 3.0을 시작하여야 한다.

- 파이썬 3.0이 파이썬 2.0과의 차이점
  - 사전형과 문자열형과 같은 내장 자료형의 내부적인 변화 및 일부 구형의 구성 요소 제거
  - 표준 라이브러리 재배치
  - 향상된 유니코드 지원
  - 한글 변수 사용 가능
  - print 명령이 print() 함수로 바뀌게 되었음

파이썬(Python)의 라이브러리

- 파이썬의 기본 개념 중 하나인 건전지 포함(Battery included)는 프로그래머에게 필요한 라이브러리 혹은 바로 사용할 수 있는 라이브러리의 통합 환경이 이미 배포판과 함께 제공된다는 것이다. 이렇게 파이썬이 표준 라이브러리에 매우 충실하기 때문에 프로그래머의 입장에서 손쉽게 파이썬을 활용하여 응용 소프트웨어를 개발하는데 용이하다고 할 수 있다. 정규 표현식을 비롯해 운영 체제의 시스템 호출, XML 처리, 직렬화, HTTP, FTP 등의 각종 통신 프로토콜, 이메일이나 CSV 파일 처리, 데이터베이스 접속, 그래픽 사용자 인터페이스, HTML 등을 예로 들 수 있다.

- 또한 파이썬에서 포함해서 사용할 수 있는 (서드파티) 라이브러리도 풍부하며, 행렬 연산 패키지 넘피(Numpy), 이미지 처리를 위한 필로우(Pilow), HTML/XML 파싱 라이브러리인 뷰티풀수프(Beautiful Sop) 등은 유명한 라이브러리이다.

자격시험 운영개요

- **(직무내용)** 파이썬 언어를 이해하고 활용하여 주요 IT 분야의 서비스와 인프라 구축에 필요한 프로그래밍 전문인력 양성 및 검증

  - 컴퓨팅 사고력 및 파이썬 문법과 알고리즘에 대한 지식배양
  - 관련학과 전공학 또는 기업에서 활용 가능한 실무 내용 반영
  - IT서비스와 인프라 구축 관련 분야 취업 대비

- **(검정기준)** 총 3개 과목*, 각 등급별 필기 및 실기문항으로 구성

등급	검정방법	문항수	시험시간	배점	합격기준	응시료
1급	필기(CBT)	10문항	90분	20점	70점이상 (과목당 40% 미만 과락)	58,000원
	실기(CBT)	5문항		40점		
2급	필기(CBT)	10문항	60분	20점	60점이상 (과목당 40% 미만 과락)	38,000원
	실기(CBT)	10문항		80점		
3급	필기(CBT)	10문항	40분	40점	60점이상 (과목당 40% 미만 과락)	28,000원
	실기(CBT)	4문항		60점		

※ 검정과목(3과목) : 컴퓨팅 사고력, 파이썬 문법, 알고리즘
※ 실기시험 프로그램 버전 : python2.7버전(예정)

- **(검정일정)** 1/2급 : 2회, 3급 : 4회 진행예정

종목	등급	회차	접수일자	시험일자	합격자발표
파이썬마스터	1급	2101회	04.05.(월) ~ 04.16.(금)	05.08.(토)	05.28.(금)
		2102회	10.04.(월) ~ 10.15.(금)	11.13.(토)	12.03.(금)
	2급	2101회	04.05.(월) ~ 04.16.(금)	05.08.(토)	05.28.(금)
		2102회	10.04.(월) ~ 10.15.(금)	11.13.(토)	12.03.(금)
	3급	2101회	01.25.(월) ~ 01.29.(금)	02.27.(토)	03.19.(금)
		2102회	05.24.(월) ~ 05.28.(금)	06.26.(토)	07.16.(금)
		2103회	07.26.(월) ~ 07.30.(금)	08.28.(토)	09.17.(금)
		2104회	11.15.(월) ~ 11.19.(금)	12.18.(토)	'22.01.07.(금)

• (검정과목) www.ihd..or.kr에서 확인 가능

과목	1급		2급	
	대분류	중분류	대분류	중분류
객관식	컴퓨팅 사고력	컴퓨팅 사고력	컴퓨팅 사고력	컴퓨팅 사고력
	파이썬 문법	자료 구조	파이썬 문법	파이썬 개념
		프로그램 흐름		자료구조
		함수 및 클래스		
		모듈과 패키지		프로그램 흐름
		예외처리		함수
		파일 데이터 읽기, 쓰기		
	알고리즘	알고리즘 정렬	알고리즘	알고리즘 개념
		알고리즘 검색		
작업식	파이썬 문법	자료구조	파이썬 문법	자료구조
		프로그램 흐름		프로그램 흐름
		함수 및 클래스		
		모듈과 패키지		함수
		예외처리		
		파일 데이터 읽기, 쓰기	알고리즘	알고리즘 개념

과목	3급		
	대분류	중분류	검정내용
객관식	컴퓨팅 사고력	컴퓨팅 사고력	운영체제와 애플리케이션, 자료 수집, 자료 분석, 추상화
	파이썬 문법	파이썬 개념	파이썬 설치하기, 파이썬 셸로 코딩하기, 코드 편집기로 코딩하기
		자료 구조	변수 사용하기, 정수/실수/텍스트 다루기, 문자열 메소드, 수에서 텍스트로, 텍스트에서 수로 변경하기, 리스트/리스트 메소드 다루기, 튜플/튜플 메소드 다루기, 패킹과 언패킹, 딕셔너리/import 다루기
		프로그램 흐름	bool 자료형, 논리 연산자, 흐름 제어문, 조건문, 코드블록과 들여쓰기, 비교 연산자
		함수	함수의 정의, 함수의 호출과 반환은 기본값 매개변수와 키워드 매개변수 다루기, 함수를 변수에 담아 사용하기
	알고리즘	프로그램 개념	선택 정렬, 삽입 정렬, 합병 정렬, 퀵 정렬, 버블 정렬, 선형 검색, 이진 검색, 최솟값/최댓값 검색
작업식	파이썬 문법	자료 구조	변수 사용하기, 정수/실수/텍스트 다루기, 문자열 메소드, 수에서 텍스트로, 텍스트에서 수로 변경하기, 리스트/리스트 메소드 다루기, 튜플/튜플 메소드 다루기, 패킹과 언패킹, 딕셔너리/import 다루기
		프로그램 흐름	bool 자료형, 논리 연산자, 흐름 제어문, 조건문, 코드블록과 들여쓰기, 비교 연산자
		함수	함수의 정의, 함수의 호출과 반환은 기본값 매개변수와 키워드 매개변수 다루기, 함수를 변수에 담아 사용하기
	알고리즘	프로그램 개념	선택 정렬, 삽입 정렬, 합병 정렬, 퀵 정렬, 버블 정렬, 선형 검색, 이진 검색, 최솟값/최댓값 검색

※ 1급·2급의 세부 검정내용은 홈페이지에서 다운로드 가능

파이썬 이해하기

파이썬 이해하기

PART 01 파이썬과 개발환경

프로그램을 효율적으로 만들기 위해서는 다양한 프로그래밍 언어의 장단점을 이해하는 것이 필요하며 시스템이나 서비스에 적합한 최적의 프로그램을 선택하여야 한다. 일예로 C나 C++ 는 빠른 처리속도가 장점이므로 운영체제나 다중사용자 서비스가 필요한 게임서버에 적합하다. 파이썬은 데이터 분석[1]에 적합한 언어이다 단순하고 직관적인 문법을 가지며, 텍스트를 조작하는 것이 용이하다. 다수의 개발자들이 파이썬을 사용하고 있으므로 참조할 수 있는 자료를 얻기에도 용이하다.

1.1 파이썬 개요

파이썬은 1991년 프로그래머인 귀도 반 로섬(Guido van Rossum)이 발표한 고급 프로그래밍 언어로, 플랫폼에 독립적이며 인터프리터(interpreter) 방식, 객체지향적(object oriented), 동적 타이핑(dynamically typed) 대화형(interactive) 언어이다.

프로그램은 크게 구현과 실행으로 구분된다. 구현은 프로그래밍 언어의 문법에 따라 코드를 작성하는 것이며, 실행은 작성한 코드를 수행하는 것이다. 보통 컴파일러는 작성된 코드를 해석한 후 실행환경에 맞는 실행파일로 변환하고 변환된 실행파일을 통해 결과를 얻는다. 그러나 인터프리터는 코드를 해석한 후 별도로 변환하는 실행 파일이 없이 보통 한줄을 해석한 결과를 바로 실행한다. 이러한 차이로 프로그래밍 언어를 컴파일 언어와 인터프리터 언어로 구분한다.

파이썬이라는 이름은 귀도가 좋아하는 코미디 〈Monty Python's Flying Circus〉에서 따온 것이다.

---

1) 데이터 분석에는 데이터 랭글링(Data Wrangling), 데이터 가시화, 기계학습 등 다양한 영역을 포함한다

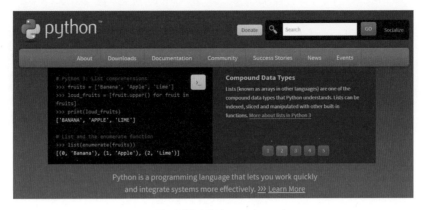

<그림> 파이썬 사이트(www.python.org)

파이썬은 비용을 지불하지 않아도 되는 오픈소스[2]이다. 다양한 플랫폼에서 쓸 수 있고, 라이브러리(모듈)가 풍부하여, 대학을 비롯한 여러 교육 기관, 연구 기관 및 산업계에서 이용이 증가하고 있다.

 생각하기

직관적인 파이썬 언어	if 4 in [1,2,3,4]: print("4가 있습니다") 만약 4가 1,2,3,4중에 있으면 4가 있습니다를 출력한다 프로그램을 모르는 경우에도 직관적으로 뜻을 이해할 수 있음

파이썬은 순수한 프로그램 언어로서의 기능 외에도 다른 언어로 쓰인 모듈들을 연결하는 접착언어(glue language)로써 자주 이용된다. 실제 파이썬은 많은 상용 응용 프로그램에서 스크립트 언어로 채용되고 있다. 구글에서 제작되는 많은 프로그램이 파이썬으로 개발되었다. 클라우드 서비스인 드롭박스도 파이썬으로 제작되었다. 파이썬 언어는 프로그램하는 과정에서 모듈(module) 이라는 라이브러리들이 체계적으로 관리되어 활용할 수 있다. Flask 는 웹 서버 응용 개발을 위한 파이션 모듈이다. 파이썬 언어는 다른 프로그래밍 언어와 달리 높은 생산성을 제공한다. 플라스크(Flask)을 사용하면 웹 서버프로그램을 10줄 미만으로 구현할 수 있다. 라즈베리파이[3]의 파이(Pi)는 Python Interpreter를 의미한다.

2) 오픈 소스(open source)는 소프트웨어 혹은 하드웨어의 제작자의 권리를 지키면서 원시 코드를 누구나 열람할 수 있도록 한 소프트웨어 혹은 오픈 소스 라이선스에 준하는 모든 통칭을 일컫는다.
3) 영국의 라즈베리 파이(Raspberry Pi) 재단에서 만든 초소형/초저가의 컴퓨터이다. 교육용 프로젝트의 일환으로 개발되었다.

- 1991년 네덜란드의 귀도 반 로섬(Guido van Rossum)이 설계한 프로그래밍 언어임
- 비영리의 파이썬 소프트웨어 재단이 관리하는 개방형, 공동체 기반 개발 모델을 가지고 있음
- C, C++, 자바 등 어떤 컴퓨터 프로그래밍 언어보다 배우기 쉬움
- 직관적이고 이해하기 쉬운 문법
- 객체 지향의 고수준 언어
- 앱(App)과 웹(Web) 프로그램 개발에 적합
- 과학 연산, 사물인터넷(IoT), 인공지능 등 프로그램 개발에 적합

파이썬의 문법에서 가장 잘 알려진 특징은 들여쓰기를 이용한 블록 구조를 들 수 있다. 이것은 보통 C 등에서 쓰이는 괄호를 이용한 블록 구조를 대신한 것으로 줄마다 처음 오는 공백으로 눈에 보이는 블록 구조가 논리적인 제어 구조와 일치하게 하는 방식이다. 다음은 C와 파이썬으로 재귀 호출을 사용한 차례곱(factorial)을 계산하는 함수를 정의한 것이다.

```python
def factorial(x):
    if x == 0:
        return 1
    else:
        return x * factorial(x - 1)
```

<그림> 파이썬으로 작성된 차례곱

```c
int factorial(int x) {
    if(x == 0)      {
        return 1;
    }     else     {
        return x * factorial(x - 1);
    }
}
```

<그림> C언어로 작성된 차례곱

생각하기

기업에서 데이터분석 및 인공지능 시스템 개발을 위한 도구는 사용자의 환경보다는 개발자 개인(회사)의 편이성을 고려해 프로그램을 선택한다. 실제로 파이썬 언어는 데이터 분석, 머신러닝과 딥러닝 프로그램에 사용하기 시작하였다. 특히 파이썬은 데이터 분석을 위해 필요한 라이브러리가 잘 갖추어져 있어 원하는 기능 구현에 집중할 수 있기 때문이다.

요약

- 플랫폼 독립적임, 특정 운영체제에 종속되지 않음(윈도우 환경에서 개발된 파이썬 프로그램은 리눅스 기반의 라즈베리 파이에서 수행됨)
- 객체지향, 클래스 작성 후 객체 또는 인스턴스를 생성하여 프로그램할 수 있음
- 인터프리터 기반, 파이썬 프로그램은 기계어를 생성하지 않고 줄단위로 해석 및 실행하는 형태로 수행됨
- 대화형, 파이썬 쉘에서 명령을 입력하면 처리 결과를 볼 수 있음

```
Python 2.7.12 (default, Dec  4 2017, 14:50:18)
[GCC 5.4.0 20160609] on linux2
Type "help", "copyright", "credits" or "license" for more information.
>>> 3 + 4
7
>>> x = 3
>>> y = 4
>>> z = x + y
>>> print z
7
>>>
```

문제

1 다음 중 파이썬 프로그래밍의 특징이 아닌 것은?

① 구글을 포함한 많은 기업들과 기관에서 사용하고 있다.

② 코딩을 시작하기에 좋은 언어이다.

③ 네덜란드의 귀도 반 로섬이 개발한 언어이다.

④ 다른 언어에 비해 구조가 다소 복잡하지만 성능이 우수하다.

문제풀이   파이썬 언어는 다른 언어보다 단순한 특징을 가지며 높은 생산성을 제공한다.

2 파이썬이 처음 출시된 해는?

① 1970년대 초   ② 1980년대 초   ③ 1990년대 초   ④ 2000년대 초

문제풀이   파이썬 언어는 파이썬은 1991년 프로그래머인 귀도 반 로섬(Guido van Rossum)이 발표되었다.

3 파이썬 공식 사이트의 이름은?

① python.org   ② python.net   ③ python.com   ④ python.biz

문제풀이   파이썬 언어의 공식사이트는 python.org이며,
해당사이트는 파이썬 언어를 소개하고 있으며, 개발환경을 다운로드 할수 있다.

4 다음은 파이썬 프로그램 개발 툴인 IDLE에 관한 설명이다. 잘못된 항목은 무엇인가?

① IDLE은 자체 에디터를 내장하고 있어 이를 이용하여 프로그래밍이 가능하다.

② IDLE은 파이썬에서 그래픽 프로그램을 개발하는 데 필요한 툴이다.

③ IDLE의 파이썬 쉘에서는 파이썬 프로그램 명령을 직접 입력하고 실행할 수 있다.

④ 파이썬 프로그램 개발을 위한 통합 개발과 학습을 위한 툴이다.

문제풀이   IDLE은 파이썬의 개발환경으로서 그패픽 프로그램을 개발하기 위한 목적으로 사용하지는 않는다.

1.2   파이썬 활용 분야

파이썬은 대부분의 프로그래밍 언어가 하는 일을 처리할 수 있으며, 생산성 측면에서 우수하다. 파이썬의 대표적인 활용분야의 예는 다음과 같다.

❶ 시스템 유틸리티[4] 제작

파이썬은 운영체제(윈도우, 리눅스 등)의 시스템 명령어를 사용할 수 있는 각종 도구를 갖추고 있기 때문에 이를 바탕으로 다양한 시스템 유틸리티를 개발하는 데 활용한다.

❷ GUI 프로그래밍

GUI(Graphic User Interface) 프로그래밍은 윈도우 창을 만들고 그 창에 프로그램을 동작시킬 수 있는 메뉴나 버튼, 그림 등을 추가하는 기능을 제공한다. 파이썬은 GUI 프로그래밍을 위한 도구들이 잘 갖추어져 있으며 파이썬 프로그램과 함께 설치되는 GUI 개발을 위한 패키지인 Tkinter(티케이인터)가 있다.

Tkinter는 Tcl/Tk에 대한 파이썬 래퍼(Wrapper)로서 Tcl/Tk를 파이썬에 사용할 수 있도록 한 경량(Lightweight) GUI 모듈이다. Tcl은 Tool Command Language의 약자로서 일종의 프로그래밍 언어이며, Tk는 크로스 플랫폼에 사용되는 일종의 GUI 툴킷이다.

```
from tkinter import *

root = Tk()
label = Label(root, text='Hello World')
label.pack()

root.mainloop()
```

---

4) 유틸리티(utility)는 영어로 '실용성', '유용성'의 대표뜻을 지니고 있다. 컴퓨터 분야에서 유틸리티란, 사용자의 편리성을 향상하는 유용하고 실용적인 소프트웨어를 말한다.

❸ C/C++와의 결합

파이썬은 접착 언어로서 다른 언어와 잘 어울려 결합해서 사용할 수 있다. C나 C++로 만든 프로그램을 파이썬에서 사용할 수 있으며, 파이썬으로 만든 프로그램 역시 C나 C++에서 사용할 수 있다.

❹ 웹 프로그래밍

파이썬은 웹 프로그램을 만들기에 매우 적합한 도구이며, Django, Flask, Bottle 과 같은 패키지를 제공한다.

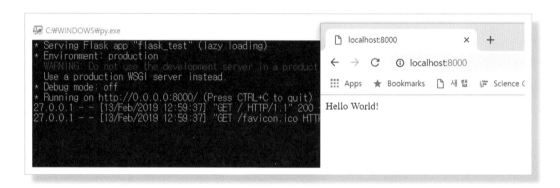

Flask는 Python으로 구동되는 웹 애플리케이션 프레임워크이다. Django 프레임워크보다 가볍고, 스케일이 작은 서버부터 스케일 큰 서버를 만들 수가 있다.

```python
from flask import Flask, escape, request

app = Flask(__name__)

@app.route('/')
def hello():
    name = request.args.get("name", "World")
    return f'Hello, {escape(name)}!'


$ env FLASK_APP=hello.py flask run
 * Serving Flask app "hello"
 * Running on http://127.0.0.1:5000/ (Press CTRL+C to quit)
```

❺ 수치 연산 프로그래밍

파이썬은 수치 연산 프로그래밍에 적합한 언어는 아니다. 복잡한 수치 연산이 많다면 C 같은 언어로 하는 것이 더 빠르기 때문이다. 하지만 파이썬은 Numpy 라는 수치 연산 모듈을 제공한다. Numpy 모듈은 C로 작성했기 때문에 파이썬에서도 수치 연산을 빠르게 할 수 있다.

❻ 데이터 분석

최근 빅데이터에 활용이 증가됨에 따라 파이썬을 활용한 데이터 분석 플랫폼이 발표되고 있다. 파이썬은 Numpy, Matplotlib 및 Pandas 패키지를 통해 데이터의 단순 처리 및 분석에 활용되고 있다. 파이썬으로 만든 판다스(Pandas) 패키지를 사용하면 데이터 분석을 더 쉽고 효과적으로 할 수 있다. 판다스가 등장한 이후로 파이썬을 사용하는 경우가 점점 증가하고 있다.

❼ 사물인터넷

사물인터넷[5] 분야에서도 파이썬은 활용도가 높다. 한 예로 라즈베리 파이(Raspberry Pi)는 리눅스 기반의 아주 작은 컴퓨터이다. 라즈베리파이를 사용하면 홈시어터나 아주 작은 게임기 등 여러 가지 재미있는 것들을 만들 수 있는데, 파이썬은 RPi.GPIO와 같은 패키지를 사용하여 라즈베리파이를 제어하는 도구로 사용된다. 예를 들어 라즈베리파이에 연결된 모터를 작동시키거나 LED에 불이 들어오게 하는 일을 파이썬으로 할 수 있다.

---

5) 사물인터넷(영어: Internet of Things, 약어로 IoT)은 각종 사물에 센서와 통신 기능을 내장하여 인터넷에 연결하는 기술.
    즉, 무선 통신을 통해 각종 사물을 연결하는 기술을 의미한다.

다음은 TOBIE 색인에서 제공하는 프로그래밍 언어의 활용에 따른 언어별 순위[6]를 보여주는 것으로서 2019년 이후 현재(2020년 1월)까지 파이썬은 Java와 C 언어 다음인 3위에 위치하고 있다.

Jan 2019	Jan 2018	Change	Programming Language	Ratings	Change
1	1		Java	16.904%	+2.69%
2	2		C	13.337%	+2.30%
3	4	∧	Python	8.294%	+3.62%
4	3	∨	C++	8.158%	+2.55%
5	7	∧	Visual Basic .NET	6.459%	+3.20%
6	6		JavaScript	3.302%	-0.16%
7	5	∨	C#	3.284%	-0.47%
8	9	∧	PHP	2.680%	+0.15%
9	-	⋀	SQL	2.277%	+2.28%
10	16	⋀	Objective-C	1.781%	-0.08%
11	18	⋀	MATLAB	1.502%	-0.15%
12	8	⋁	R	1.331%	-1.22%
13	10	∨	Perl	1.225%	-1.19%
14	15	∧	Assembly language	1.196%	-0.86%
15	12	∨	Swift	1.187%	-1.19%
16	19	∧	Go	1.115%	-0.45%

IEEE에 따르면 다양한 산업분야에서 파이썬 언어에 대한 활용은 다른 프로그래밍언어 보다 최근 우위에 있다.

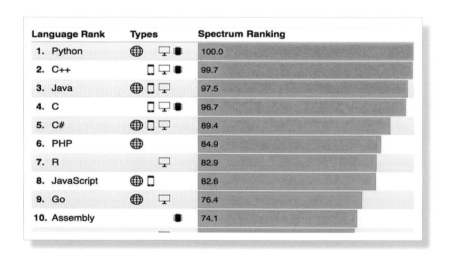

6) https://www.tiobe.com/tiobe-index/

1.3 　데이터 과학과 파이썬

데이터 과학(data science)이란, 데이터 마이닝(Data Mining)과 유사하게 정형, 비정형 형태를 포함한 다양한 데이터로부터 지식과 인사이트를 추출하는데 과학적 방법론, 프로세스, 알고리즘, 시스템을 동원하는 융합분야로서 데이터에서 가치를 추출하는 통합 학문 분야이다. 데이터 과학자(data scientist)는 통계, 컴퓨터 과학, 비즈니스 지식을 포함한 다양한 기술을 결합하여 웹, 스마트폰, 고객, 센서 및 기타 소스에서 수집한 데이터를 분석한다. 데이터 과학을 통해 추세(trend)를 파악하고 분석 정보를 도출함으로써 기업은 더 나은 의사 결정을 내리고 보다 혁신적인 제품과 서비스를 제작할 수 있다.

데이터 과학은 통계 분석 및 데이터 마이닝 분야에서 발전하였으며 2008년에는 데이터 과학자라는 직책이 생겨났고 이 분야는 빠른 성장을 이루었다. 데이터 과학자의 업무에는 데이터 분석을 위한 전략 개발, 분석할 데이터 준비, 데이터 탐색, 분석 및 시각화, Python 및 R과 같은 프로그래밍 언어를 사용한 데이터로 모델 구축, 여러 모델을 애플리케이션으로 배포하는 작업이 포함된다. 데이터 과학자는 단독으로 일하지 않는다. 사실, 가장 효과적인 데이터 과학 업무는 팀 단위로 수행된다. 팀에서는 데이터 과학자 외에도 문제를 정의하는 비즈니스 분석가(business analyst), 데이터와 데이터 액세스 방법을 준비하는 데이터 엔지니어(data engineer), 기본 프로세스와 인프라를 감독하는 IT 설계자, 데이터를 배포하는 애플리케이션 개발자, 분석 모델이나 출력을 애플리케이션 및 제품에 배포하는 애플리케이션 개발자가 있다.

데이터를 분석하고 그에 따라 실행하는 프로세스는 선형이 아닌 반복적인 작업이며, 데이터 모델링 프로젝트에서 일반적으로 작업이 진행되는 방식이다.

계　획	프로젝트와 잠재적인 출력 규정
준　비	작업 환경을 구축하여 데이터 과학자가 최적의 툴을 사용하는 것은 물론 컴퓨팅 기능과 같은 기타 리소스에 액세스하도록 보장
수　집	데이터를 작업 환경에 로드
탐　색	데이터를 분석하고, 살펴보고, 시각화
모델링	모델을 구축하고, 훈련하고, 검증하여 필요에 따라 수행
배　포	모델을 실제 업무 환경에 배포

데이터 과학에서 언어, 생태계, 이를 중심으로 하는 개발 프로세스인 파이썬을 선호하게 된 이유가 무엇일까? 파이썬은 스크립트 작성과 프로세스 자동화, 웹 개발, 일반 애플리케이션 등 여러 소프트웨어 개발 영역에서 오랫동안 인기를 얻었다. 최근에는 머신러닝(Machine Learning) 언어로도 주목받고 있다.

- **프로그래밍이 단순해진다.**

  첫 번째 이유는 파이썬의 성공 스토리와 관련돼 있다. 파이썬은 간소함을 제공한다. 파이썬이 처음 만들어 졌을 때 주된 목표는 읽고 쓰기 쉬운 언어였다.

- **분석 및 머신러닝 라이브러리가 있다.**

  파이썬은 풍부한 분석 및 머신러닝 라이브러리와 프레임워크를 패키지로 제공한다. 사이킷-런(Scikit-learn)부터 텐서플로우(TensorFlow), CNTK, 아파치 스파크 MLlib(Apache Spark MLlib) 등 알려진 머신러닝 및 딥 러닝(Deep Learning) 프레임워크 대부분이 파이썬 API를 지원한다.

- **메모리를 대신 관리한다.**

  파이썬은 프로그래머 대신 세부적인 메모리 관리를 수행하므로 결과적으로 개발자에게 개발 관련 문제에 집중할 수 있는 이점이 있다.

요약

파이썬을 데이터 분석에 사용하는 주요한 이유를 요약하면 다음과 같다.
- 실행가능한 의사 코드로서 리스트(list), 튜플(tuple), 딕셔너리(dictionary), 집합(set), 큐(queue)와 같은 높은 수준의 데이터 형태를 제공한다.
- 과학분야와 금융분야에서도 활용이 증가되고 있으며 플로팅 도구를 사용하여 도표형태를 다룰 수 있다.
- Java 언어를 사용하는 경우와 비교할 때 일반인도 다루기가 쉽고 명확하고 간결한 프로그램을 통해 높은 생산성을 제공한다.

1.4 파이썬 프로그램 설치

❶ 인스톨러 다운로드

여기서는 윈도우에서 파이썬 설치하기를 중심으로 내용을 설명한다. 파이썬 공식 홈페이지의 다운로드 페이지(http://www.python.org/downloads)에서 윈도우용 파이썬 언어 패키지를 다운로드한다. 다음 화면에서 Python 3.x로 시작하는 가장 최근버전 중 윈도우 인스톨러를 다운로드한다.

파이썬은 2.x과 3.x 버전이 호환되지 않고 있으며 2.x 에 대한 지원이 종료될 것으로 예산되므로 3.x 버전 사용을 추천한다. 일예로 파이썬 3.x에서는 long형 자료형이 int형으로 통일되어 파이썬 2.x와 상이한 결과가 출력된다.

```
Python3:
>>> 10 / 3
3.3333333333333335
Python 2.x:
>>> 10 / 3
3
```

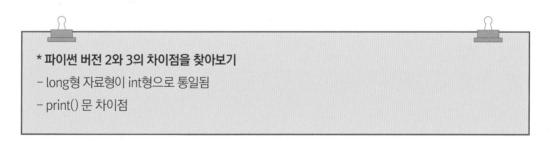

* 파이썬 버전 2와 3의 차이점을 찾아보기
- long형 자료형이 int형으로 통일됨
- print() 문 차이점

❷ 설치시작 및 PATH 지정

인스톨러를 실행한 후에 "Install Now"를 선택하면 바로 설치가 진행된다. 파이썬이 어느 곳에

서든지 실행될 수 있도록 "Add Python 3.7 to PATH" 옵션을 반드시 선택해야 한다. (설치되는

버전에 따라 3.6 이상이 설치될 수 있다)

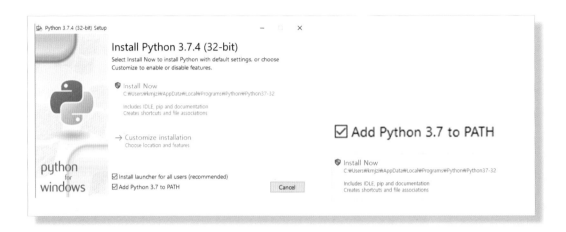

❸ 설치 확인

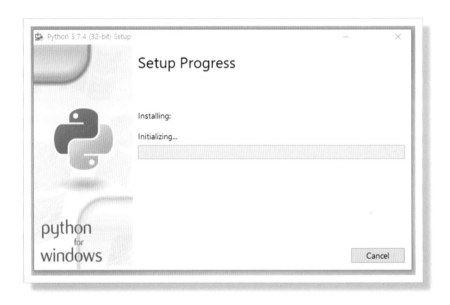

파이썬이 정상적으로 설치되었다면 다음 그림과 같이 프로그램 메뉴에서 확인할 수 있다.

[시작 → 모든 프로그램 → Python 3.7]

1 다음 2개의 명령어를 수행하여 출력내용을 확인하시오.

python --version
python3 --version

1.5   파이썬 시작하기

파이썬 시작을 위해서는 시작에서 python3.7의 파이썬 인터프리터를 사용하거나 IDLE을
사용한다.

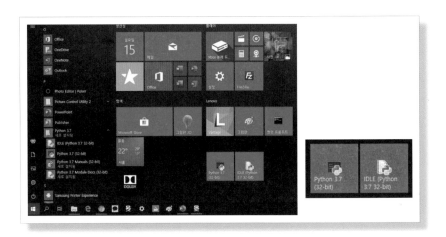

IDLE 메뉴을 선택하게 되면 오른쪽의 창이 나타나게 되며 이후 파이썬 프로그램을 작성할 수
있다.

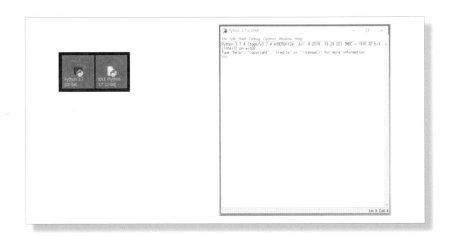

설치 후 DOS 명령 프롬프트에서 "python"이라고 입력하여 파이썬 인터프리터를 실행할 수 있다.

파이썬 프로그램은 여러 줄의 명령어로 구성되며 한 줄의 명령어를 문장(statement)이라 한다. 해당 문장은 파이썬 인터프리터에 의하여 실행된다.

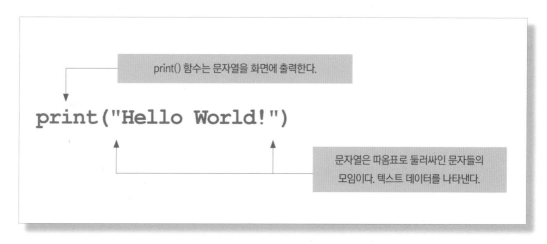

print() 함수는 문자열을 화면에 출력한다.

```
print("Hello World!")
```

문자열은 따옴표로 둘러싸인 문자들의 모임이다. 텍스트 데이터를 나타낸다.

파이썬 대화형 인터프리터(파이썬 셸)를 실행하여 더하기(+) 2는 3이라는 값을 출력해 보자. 보통 계산기 사용하듯 더하기 기호만 넣어 주면 된다.

```
>>> 1 + 2
3
```

나눗셈(/)과 곱셈(*) 역시 예상한 대로 결과값을 보여준다.

```
>>> 3 / 2.4
1.25
>>> 3 * 9
27
```

변수에 숫자 대입하고 계산하기

```
>>> a = 1
>>> b = 2
>>> a + b
3
```

변수에 문자 대입하고 출력하기

```
>>> a = "Python"
>>> print(a)
Python
```

a변수에 Python이라는 값을 대입한 다음 print(a)라고 작성하면 a값을 출력한다.
파이썬은 대소문자를 구별한다.

문제

1 **"Hello World" 출력하도록 한다. _____ 에 들어갈 내용을 채우시오.**

_____ ("Hello World")

문제풀이 　　특정한 문자열을 사용하기 위해서는 파이썬의 내장함수인 print()를 사용할 수 있다.

1.6 프로그램 작성 및 실행

파이썬 IDLE(Integrated Development and Learning Environment)은 파이썬 프로그램 작성을 도와주는 통합개발 환경이다. IDLE는 윈도우의 시작 메뉴에서 "IDLE" 프로그램을 찾아서 실행한다. 다음과 같은 IDLE 셸(Shell) 창을 보인 것이다. 세개의 닫는 꺾쇠(>>>)는 프롬프트로서 코드 입력을 진행한다.

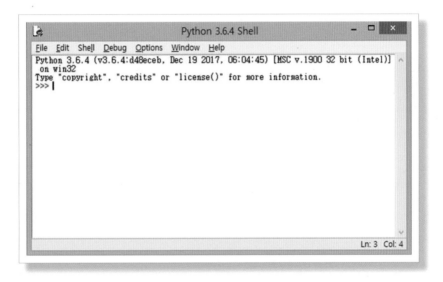

IDLE은 크게 두 가지 창으로 구성된다.

- IDLE 셸 창(Shell Window) – IDLE 에디터에서 실행한 프로그램의 결과가 표시되는 창으로서 파이썬 셸과 동일한 기능을 수행한다. IDLE을 실행하면 가장 먼저 나타난다. 코드 편집과정에서 탭(tab)을 사용하여 자동완성 활용할 수 있다.

코드 문장 불러오기 (Alt-N, Alt-P)를 통해 전에 작성할 코드를 수행할 수 있다.

```
*Python 3.7.2 Shell*                                    —   □   ×
File Edit Shell Debug Options Window Help
Python 3.7.2 (tags/v3.7.2:9a3ffc0492, Dec 23 2018, 22:20:52) [MSC v.1916 32 bit
(Intel)] on win32
Type "help", "copyright", "credits" or "license()" for more information.
>>> if 43 > 42:
        print ("올바른 수식")


올바른 수식
>>> print("Hello")
Hello
>>> if 43 > 42:
        print ("올바른 수식")
```

IDLE 에디터 창(Editor Window) - IDLE 에디터가 실행되는 창이다. File -> New File 메뉴를 통해 에디터 창이 만들어지고 F5 단축키를 사용하여 실행한다.

```
hello.py - C:₩Users₩Yunhee₩AppData₩Local₩Programs₩Python₩Python37-32₩hello.py (3.7.2)
File Edit Format Run Options Window Help
print("Hello Pyhon")
```

IDLE을 실행하여 "Hello Python"을 출력하고 hello.py에 저장함(파일 이름 지정 전후의 윈도우의 제목 변경을 살펴본다)

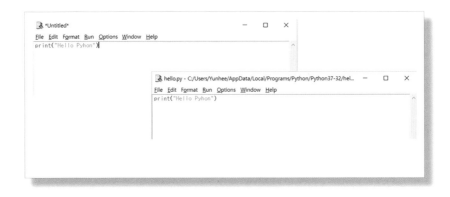

1 IDLE 에서 저장된 프로그램 프로그램을 실행할 때 사용하는 단축키는 무엇인가?

① F5　　　② F10　　　③ F12　　　④ F1

문제풀이　IDLE 환경에서 파이썬 프로그램을 실행하기 위해서는 F5 단축키를 사용한다.

2 IDLE 은 ( ) Development and Learning Environment 의 약어로 파이썬의 통합 개발과 학습 환경이다. ( )에 적합한 것은 무엇인가?

① Integer　　　② Integrated　　　③ Information　　　④ Integral

문제풀이　IDLE 은 통합개발 환경인 Integrated Development and Learning Environment 의 약자이다.

3 파이썬 프로그램 소스 파일의 파일 확장자는 무엇인가?

① .pyth　　　② .py　　　③ .hwp　　　④ .txt

문제풀이　파이썬 프로그램 소스 파일의 확장자은 .py이다. 한편 .pynb 파일은 파이썬 언어와 데이터로 작업 할 수 있도록 도와주는 인터랙티브 한 계산 환경 인 Jupyter Notebook에서 사용되는 파일의 확장자이다.

4 파이썬 작성시 다음오류의 원인을 찾으시오.

```
Python 3.7.2 Shell                                    —    □    ×
File  Edit  Shell  Debug  Options  Window  Help
Python 3.7.2 (tags/v3.7.2:9a3ffc0492, Dec 23 2018, 22:20:52) [MSC v.1916 32 bit
(Intel)] on win32
Type "help", "copyright", "credits" or "license()" for more information.
>>> print("Hello World")
Hello World
>>>  print("Hello World")
SyntaxError: unexpected indent
>>>
```

문제풀이　파이썬은 가독성을 높이기 위해 코드 블록을 구분하기 위해 사용되며 하위 수준은 들어쓰기가 필수적이다.
　　　　　파이썬은 들여쓰기(indent)에 민감하다. 중첩되는 문장은 들여쓰기를 사용하여 구분함
　　　　　(PEP 4칸 들여쓰기, https://pep8.org/)

5 파이션 프로그램 수행 중인 IDLE를 종료시키고자 한다. 실행해야 하는 내용은 무엇인가.

문제풀이　IDLE에서 exit()를 입력하면 대화형 모드를 종료한다.

문제

6 다음 코드를 실행해보고 \t와 \n의 역할을 설명하시오.

print ("안녕하세요.\n만나서\t\t반갑습니다.")

문제풀이　　" "에 포함된 \t는 탭문자를 \n은 개행문자를 의미한다. 다음은 문제의 수행결과를 보인 것이다.

```
>>> print("안녕하세요.\n만나서\t\t반갑습니다.")
안녕하세요.
만나서          반갑습니다.
>>> |
```

7 다음의 내용을 출력하도록 print() 함수를 작성하시오(중간에 "가 있음에 주의).
홍길동이 소리질렀다. "도둑이야".

① Integer　　　　② Integrated　　　　③ Information　　　　④ Integral

문제풀이　　" 를 출력하기 위해서는 전체 출력내용은 ' ' 에 포함하도록 한다. print ('홍길동이 소리질렀다. "도둑이야".')

8 다음의 출력 내용을 예상 하시오.

for i in range(10):
　　print("Hello")

문제풀이　　for는 파이썬의 반복을 위해 사용되며, range() 는 내장함수로서 range()에서 지정한 10은 반복횟수를 지정한다.
　　　　　　그러므로 "Hello"를 10번 화면에 출력하게 된다.

for i in range(2):
　　print("A")
print("B")

문제풀이　　for는 파이썬의 반복을 위해 사용되며, range() 는 내장함수로서 range()에서 지정한 2는 반복횟수를 지정한다.
　　　　　　그러므로 "A" 와 "B"가 각각 개별라인으로 2번 화면에 출력하게 된다.

for i in range(2):
　　print("A")
　　print("B")

문제풀이　　for는 파이썬의 반복을 위해 사용되며, range() 는 내장함수로서 range()에서 지정한 2는 반복횟수를 지정한다. 반복수행을
　　　　　　통해 "A"가 각각 개별라인으로 2번 화면에 출력하게 된다. 이후 반복 종료후 "B"가 개별라인으로 출력된다.

9 다음 파이션 프로그램을 IDLE을 사용하여 작성한 후 실행결과를 보이시오.
아래 파이션 프로그램에 오류가 있는 경우 오류를 수정하시오.

```
print "Hello, world!"
x=4
print x
print x+5
```

문제풀이 파이썬 버전 3에서는 print 문 사용시 (와)에 출력하고자 하는 내용을 포함하여야 한다.
두 개의 print문은 다음과 같이 수정하여야 한다.
```
print (x)
print (x+5)
```

10 다음 ①-⑤의 파이썬 표현 중 정상적으로 화면에 값이 출력되는 것을 고르시오.

① print("I love 'you'")   ② print("I like you')   ③ print('Korea')   ④ print {Hello }   ⑤ print[Hello]

문제풀이 print 함수 print("I like you') 는 정상적으로 값을 출력하기 위해 " 는 "로 이루어져야 하므로 "I like you" 로 수정하여야 한다.
print {Hello } 과 print [Hello] 의 { } 과 [ ]는 print 문에서 사용하지 못한다.

11 다음의 파이썬 코드의 오류를 찾아 올바르게 수정하시오.

```
x=4
if (x == 4)
{
 printf ("x is equal to four\n");
 printf ("Nothing more to do here.");
}
```

문제풀이 파이썬 프로그램은 블록의 시작과 끝을 표시하는 { 와 } 를 사용할 수 없으며 이를 들여쓰기로 표현하여야 한다.
또한 if문의 조건부분은 :를 추가하여 구성한다.
```
x=4
if (x == 4):
    print ("x is equal to four\n")
    print ("Nothing more to do here.")
```

```
Python 3.7.2 (tags/v3.7.2:9a3ffc0492, Dec 23 2018, 22:20:52) [MSC v.1916 32 bit
(Intel)] on win32
Type "help", "copyright", "credits" or "license()" for more information.
>>> print("I love 'you'")
I love 'you'
>>> print("I like you')

SyntaxError: EOL while scanning string literal
>>> print('Korea')

Korea
>>> print{Hello}

SyntaxError: invalid syntax
>>> print[Hello]

Traceback (most recent call last):
  File "<pyshell#4>", line 1, in <module>
    print[Hello]
NameError: name 'Hello' is not defined
>>>
```

PART 02 파이썬 기본 문법

2.1 변수

변수(Variable)는 값(자료값)을 저장하는 공간으로 변수를 만든다는 것은 숫자나 문자열과 같은 데이터를 저장할 수 있는 공간을 마련하는 것이다. 파이썬에서는 모든 변수와 자료형이 객체로 되어 있다. 객체는 변수 형태의 속성(attribute)과 함수 형태의 메소드(method)를 갖는다. 파이썬에서 사용하는 변수는 객체를 가리키는 것이라고도 말할 수 있다. 객체란 자료형과 같은 것을 의미한다.

- 100이라는 값이 메모리에 할당되는데, 이를 객체(object)라고 부름
  x=100
- 변수 x는 100이라는 값의 객체를 가리킴
  id(x)[7]

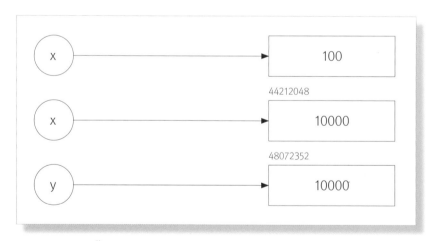

```
>>> x=100[8]
>>> id(x)
```

---

7) 함수 id(object)는 객체를 입력받아 객체의 고유 주소 값(레퍼런스)을 돌려줌
8) 변수 x에 값 11000을 저장함

```
주소값
>>> type(x)
<class 'int'>
>>> y=100
>>> id(y)
주소값
>>> type(y)
<class 'int'>
```

파이썬 IDLE 환경에서 x = 10이라고 입력하면 10이 들어있는 변수 x가 생성된다. 즉, 변수이름 = 값 형식이다. 이렇게 하면 변수가 생성되는 동시에 값이 할당(저장)된다. 변수 이름은 원하는 대로 지으면 되지만 다음과 같은 규칙을 지켜야 한다.

- 영문 문자와 숫자를 사용할 수 있음
- 대소문자를 구분함(변수 X 와 변수 x 는 다른 변수임)
- 문자부터 시작해야 하며 숫자부터 시작하면 안됨
- _(밑줄 문자)로 시작할 수 있음
- 특수 문자(+, -, *, /, $, @, &, % 등)는 사용할 수 없음
- 파이썬의 키워드(if, for, while, and, or 등)는 사용할 수 없음

다음은 유효한 변수명과 잘못된 변수명을 보인 것이다.
- 유효한 변수명 : a, b, x, y, I, j, str, animal, computer, age, sum, type1, type2, num1, num2
- 잘못된 변수명 : 12month, nutmber, for

```
>>> animal = '사자'  # '사자'는 문자형 값임
>>> print(animal)
사자

>>> num1 = 7.8
>>> num2 = 3.57
>>> print(num1 + num2)
11.37
>>> 12month = '봄'
SyntaxError: invalid syntax
```

변수명은 영문자, 숫자, 밑줄(_)의 조합으로 이루어질 수 있다. 일반적으로 변수명은 영문자 소문자로 시작하여 구성하는 것을 추천한다.

```
>>> x = 3
>>> y = 7
>>> font1 = '돋움'
>>> my_age = 25
>>> screen_width = 1024
>>> myAge = 18
>>> screenWidth = 2048
```

변수명으로 다음과 같이 사용하는 것은 좋지 않다. 변수이름은 프로그램 내의 사용목적에 맞게 작명하는 것이 필요하다. 변수명 aaa, xxx, abc는 문법적으로 문제가 없지만 의미있는 단어로는 적합하지 않다.

```
>>> aaa = '돋움'
>>> xxx = 37
>>> abc = 10.5
```

1 다음 중 변수명으로 적합한 것은?

① 컴퓨터   ② 63building   ③ file_name   ④ font&

문제풀이   파이썬의 변수는 영문 또는 한글로 시작될 수 있으며 _와 같은 특수문자가 포함될 수 있다.
그러나 63building과 같이 숫자로 시작될 수 없고 font& 와 같이 & 문자가 포함될 수 없다.

2 다음 중 변수명으로 적합하지 않은 것은?

① eng_score   ② font1   ③ studentName   ④ file name

문제풀이   파이썬의 변수명 작성시 공백문자를 포함해서는 안된다.

3 변수 carname 에 값으로 Volvo을 저장하도록 문장을 완성하시오.

=

문제풀이   변수명 carname에 Volvo를 저장하기 위해서는 = 의 왼쪽에는 변수이름 carname 이 = 의 오른쪽에는 문자열 "Volvo"을
위치하도록 하여야 한다.

2.2 | 숫자 연산하기

❶ 정수형 숫자

정수형(Integer)은 자연수를 포함해 0, 1, 2, -1, -2 와 같이 값의 영역이 정수로 한정된다. 정수형은 음수, 0, 양수로 구성된 숫자이다. 파이썬 인터프리터는 메모리 영역이 필요할 때 자료에 필요한 공간을 할당한다. 정수형은 64비트 공간이 할당되어 저장된다.

```
>>> 1 + 2 + 3
6
```

산술 연산 후 할당 연산자(=)를 사용하여 변수에 값을 저장한다.

```
>>> a = -10 + 10 + (-30 - 40)
>>> print(a)
-70
>>> print(10 + 20 + 30)
60
```

산술 연산 후 할당 연산자를 사용할 때는 주의할 점이 있다. 다음과 같이 만들지 않은 변수 d에 10을 더한 후 다시 할당하면 오류가 발생한다.

```
>>> d += 10    # d는 만들지 않은 변수
Traceback (most recent call last):
File "<pyshell#2>", line 1, in <module>
    d += 10
NameError: name 'd' is not defined
```

❷ 실수형 숫자

실수형(Floating Point)은 -0.37, -33.0, 37.33에서와 같이 소수점을 가진 숫자이다. 실제값이 정수형이라고 해도 소숫점을 추가하여 입력하면 파이썬 인터프리터는 실수형으로 해석한다.

```
>>> 128.8 + 38 - 222.4764
-55.6764
>>> a = 2/3
>>> print(a)
0.6666666666666666
>>> print('%.2f' % a)
0.67
```

❸ 변수형 알아보기

변수의 자료형은 float() 함수와 int() 함수를 사용하여 자료형을 변환할 수 있다.

```
a = 10
a = float(a)
print (a)


a = int(10.7)
a = int(10.3)
```

실수형을 정수형으로 변환되면 소수점 이하의 내림이 발생한다.

파이썬에서는 변수의 자료형이 중요하다. type 함수를 사용해서 123, 5.3과 같은 숫자의 자료형을 확인할 수 있다.

```
>>> a = 123
>>> type(a)
<class 'int'>


>>> b = 123.45
>>> type(b)
<class 'float'>
```

❹ 숫자 연산자

파이썬에서는 다양한 자료형을 사용한 간단한 연산이 가능하다. 파이썬의 사칙연산은 수학의 사칙연산과 유사하다. 파이썬에서 몫을 반환하는 연산자는 2개의 // 를 사용한다. 7 / 2를 입력하면 3.5가 출력되며 몫을 얻기 이해서는 7 // 2을 입력한다.

- 사칙 연산자 : 더하기(+), 빼기(-), 곱하기(*), 나누기(/)
- 나머지 연산자(%) : 어떤 수로 나눈 나머지를 계산
- 소수점 절삭 연산자(//) : 소수점 이하를 절삭
  제곱 연산자(**) : 어떤 수의 제곱

```
>>> a = 10 + 20 * 30
>>> print(a)
610
>>> (10 + 20 ) * 30
900

>>> b = 10 - 20 / 10
>>> print(b)
8.0
>>> type(a)
<class 'int'>
>>> type(b)
<class 'float'>

>>> a = 17 % 5
>>> print(a)
2
>>> b = 29 % 6
>>> print(b)
5
>>> c = a % b
>>> print(c)
 2
>>>
```

2.3 문자열

문자열(String)이란 문자, 단어 등으로 구성된 문자들의 집합을 의미한다. 문자열은 일반적으로 큰따옴표(" ")로 둘러싸여 있다. 123은 숫자인데 따옴표로 둘러싸여 있으면 "123"은 문자열이라고 처리한다. 문자열을 만들 때 큰따옴표(" ") 이 외에도 문자열을 만드는 방법은 3가지가 더 있다. 파이썬에서 문자열을 만드는 방법은 총 4가지이다.

1. 큰따옴표(")로 양쪽 둘러싸기   "Hello World"
2. 작은따옴표(')로 양쪽 둘러싸기   'Python is fun'
3. 큰따옴표 3개를 연속(""")으로 써서 양쪽 둘러싸기   """Life is too short, You need python"""
4. 작은따옴표 3개를 연속(''')으로 써서 양쪽 둘러싸기   '''Life is too short, You need python'''

인덱스는 문자열내 특정 요소의 위치를 나타낸다. 문자열은 문자 집합으로 문자열의 구성내용에 접근하기 위해서는 인덱스를 사용한다. 인덱스란 요소를 쉽게 찾을 수 있도록 일정한 순서에 따라 배열한 목록이다. 파이썬에서 인덱스는 1부터 시작하는 것이 아니라 0부터 시작한다. 즉, 배열내 첫 번째 요소의 인덱스는 1이 아니라 0인 것이다.

문자열 word가 word='Hello'로 정의되어 있다.

- n개의 문자열은 0에서 n-1의 인덱스를 갖는다.
- 인덱스를 양수와 음수를 활용할 수 있다.
- 양수 인덱스를 사용하여 인덱스로 지정된 요소를 반환한다.
  'Hello'[2] (또는 word[2]) → 'l' #첫번째 'l'이 반환된다.
- 인덱스를 음수로 지정하고 값을 반환한다.
  'Hello'[-1] (또는 word[-1]) → 'o' #word[-1] → 문자열의 마지막 값
  'Hello'[-2] (또는 word[-2]) → 'l'

파이썬의 문자와 코드에 대해 알아보자, 컴퓨터는 0과 1을 인식할 수 있다. 따라서 우리가 사용하는 문자는 숫자를 이용한다. 즉, 각각의 문자마다 숫자로 되어 있는 약속된 코드를 표로 설정하였다. 이를 아스키(ASCII, American Standard Code for Information Interchange) 코드라고 한다.

파이썬에서는 문자에서 아스키코드로의 변환과 아스키코드에서 문자로의 변환 수단을 제공하고 있다. 문자에서 아스키코드로의 변환은 chr()을 사용하며, 아스키코드에서 문자로 변환할 때는 ord() 함수를 사용한다.

- 문자 → 아스키코드 변환 : ord('문자')
- 아스키코드 → 문자 변환 : chr(숫자)

문자열 'Hello'를 이용해 코드변환 및 문자 변환을 보인 것이다.

- 대문자 'H'는 아스키코드값으로 72이다. 또한, 소문자 'h'는 아스키코드값으로 104이다. 이는 대문자와 소문자가 서로 다르다는 것을 확인할 수 있다.

```
>>> ord('H')
72
>>> ord('h')
104
>>>
```

- 반대로 아스키코드 72와 104를 문자로 변환한 것은 아래와 같다.

```
>>> chr(72)
'H'
>>> chr(104)
'h'
>>>
```

문자열은 조각으로 분할이 가능하다. 슬라이스(slice) 조각, 부분이라는 사전적 의미가 있듯이, 슬라이싱은 자르기이다. 즉, 슬라이싱은 문자열에서 특정 문자를 잘라내는 것을 말한다. 자르기의 기본적인 형태는 string[시작위치:끝위치]이다. 하지만 끝위치는 포함하지 않는다. 문자열 string[m:n]이라 하면 인덱스 m부터 인덱스 n-1까지에 위치한 요소 자르기를 의미한다.

예를 들어 문자열 word='Hello!'라 하면 기본적인 문자열 자르기 word[1:4]은 다음과 같다.

```
>>> word[1:4]
'ell'
```

word[:3]와 같이 앞을 생략하면 처음부터의 주어진 위치-1 까지의 의미로 word[0:3]의 의미와 같다.

```
>>> word[0:3]
'Hel'
>>> word[:3]
'Hel'
```

word[3:]은 4번째 위치에서 마지막을 의미하며 word[3:6]의 의미와 같다.

```
>>> word[3:]
'lo!'
>>> word[3:6]
'lo!'
```

word[:]와 같이 앞뒤를 생략하면 처음부터 끝까지를 의미하며, word[0:6]의 의미와 같다.

```
>>> word[:]
'Hello!'
>>> word[0:6]
'Hello!'
```

음수 인덱스를 사용하여 슬라이싱을 할 수 있다. 문자열 word='Hello!'라 하면, 음수를 이용한 문자열 자르기 뒤에서 m번째부터 맨뒤까지의 출력은 word[-m:]이다. 따라서 word[-4:]는 다음과 같다.

```
>>> word[-4:]
'llo!'
```

처음부터 (-n-1)까지 출력은 word[:-n]이다. 따라서 word[:-4]는 다음과 같다.

```
>>> word[:-4]
'He'
```

음수로 시작과 끝을 지정하는 경우를 생각해 보자, word[-m:-n]은 뒤에서 m번째부터 뒤에서 -n-1까지 출력한다. 따라서 word[-4:-1]은 다음과 같다.

```
>>> word[-4:-1]
'llo'
```

word[-1]은 마지막 요소를 지정하는 것으로 다음과 같다는 것이다.

```
>>> word[-1]
'!'
```

범위를 넘어서면 전체를 출력한다.

```
>>> word[-100:100]
'Hello!'
```

문자열은 주어진 조건만큼 건너뛰면서 자르기할 수 있다. word[m:n:c]의 의미는 문자열 word를 m부터 n-1까지 c칸씩 건너뛰면서 자르기를 의미한다.
예를 들어 문자열 word='Python'이라 하면 word[0:4:2]와 word[0:3:2] 다음과 같다.

```
>>> word[0:4:2]
'Pt'
>>> word[0:3:2]
'Pt'
```

처음부터 끝까지 2칸씩 뛰어 자르기를 하려면 word[::2]또는 word[0::2]와 같다.

```
>>> word[::2]
'Pto'
>>> word[0::2]
'Pto'
```

주어진 인덱스에서 끝까지 출력은 word[m::c]와 같은 형식이다. 인덱스 1부터 2칸씩 건너뛰어 자르기를 하려면 word[1::2]이다.

```
>>> word[1::2]
'yhn'
```

문자열은 거꾸로 자르기도 가능하다. 형식은 [시작위치:끝위치:-건너뛰기]의 형식을 갖는다. 이는 시작위치부터 끝위치+1까지 출력한다는 것이다. 예를 들어 설명하겠다. 문자열 word가 word='Python'이라 하면 word[5:3:-1]와 word[5:2:-1]의 자르기 다음과 같다.

```
>>> word[5:3:-1]
'no'
>>> word[5:2:-1]
'noh'
```

처음부터 끝까지 거꾸로 출력하면 [::-1] 또는 [마지막인덱스::-1]의 형식이다. word[::-1]또는 word[5::-1]은 다음과 같이 출력된다.

```
>>> word[::-1]
'nohtyP'
>>> word[5::-1]
'nohtyP'
```

유의할 사항으로 [마지막인덱스:0:-1]은 전체가 출력되지 않는다.
word[5:0:-1]은 다음과 같이 출력된다.

```
>>> word[5:0:-1]
'nohty'
```

거꾸로 건너뛰고 자르기의 예 word[::-2]는 다음과 같다.

```
>>> word[::-2]
'nhy'
```

파이썬에서 문자열은 내부적으로 상수로 취급되어 수정이 불가능하다. 파이썬에서는 문자열을 수정하고자 하면 오류가 발생한다.

```
>>> s = "abcd"
>>> s[0] = 'A'
Traceback (most recent call last):
File "<pyshell#1>", line 1, in <module>
 s[0] = 'A'
TypeError: 'str' object does not support item assignment
```

문자열을 바꾸기 위해서는 문자열 함수인 replace()를 사용하여야 한다.
문자열을 결합하기 위해 + 연산자를 사용한다. 또는 두 개의 문자열을 나열하여 문자열을 결합할 수 있다.

```
word = 'Help' + 'a'
word = 'Help' 'a'

>>> word = 'Help' 'a'
>>> word
'Helpa'
```

문자열 str 클래스에는 여러 유용한 함수를 제공한다.

> lstrip():왼쪽 공백문자 제거
> lstrip():오른쪽 공백문자 제거

strip()은 문자열의 공백문자를 제거하기 위해 사용한다.

> a = " Hello, World! # 공백문자 제거
> print(a.strip()) # returns "Hello, World!"

len()은 문자열의 길이를 얻기 위해 사용한다.

> a = "Hello, World! " #문자열 길이 구하기
> print(len(a))

join()은 우선 여러 개의 문자열을 하나로 결합하는 join() 메소드는 문자열을 결합하는데 사용되는 분리자(separator)를 join 메소드 앞에 사용한다. 콤마를 사용하여 문자열 리스트 요소들을 결합할 수도 있으며, 또한 빈 문자열을 사용하여 문자열들을 결합하는 방법도 자주 사용된다. 리스트를 문자열로 변환하기 위해 사용한다.

> s = ','.join(['가나','다라','마바'])
> print(s)
> # 출력: 가나,다라,마바
>
> s = ''.join(['가나','다라','마바'])
> print(s)
> # 출력 : 가나다라마바

split() 함수는 join() 함수의 반대로서 특정 분리자(separator)를 기준으로 문자열을 분리하여 리스트를 반환한다. split() 함수는 하나의 문자열을 콤마로 분리해서 3개의 요소를 갖는 리스트를 반환한다.

```
items = '가나,다라,마바'.split(',')
print(items)
# 출력 : ['가나', '다라', '마바']
```

str 클래스에서 가장 많이 사용되는 메소드 중의 하나로 format() 메소드를 들 수 있다. format() 메소드는 다양한 방식의 문자열 포맷팅을 지원하는데, 아래는 흔히 사용되는 3가지 방식을 예시하고 있다. 먼저 위치를 기준으로한 포맷팅은 {0}, {1},... 등의 필드들을 format() 파라미터들의 순서대로 치환하게 된다. 두번째 필드명을 기준으로 한 포맷팅은 {name}, {age}와 같이 임의의 필드명을 지정하고 format() 파라미터에 이들 필드명을 사용하여 값을 지정하는 것이다. 그리고 세번째 인덱스 및 키 사용 방식은 Python 오브젝트가 format()의 파라미터로 지정되고, 포맷에서 이 오브젝트의 인덱스(컬렉션의 경우) 혹은 속성, 키 등을 이용하는 것이다.

```
# 위치를 기준으로 한 포맷팅
s = "Name: {0}, Age: {1}".format("홍길동", 30)
print(s)  #출력: Name: 홍길동, Age: 30
# 필드명을 기준으로 한 포맷팅
s = "Name: {name}, Age: {age}".format(name="홍길동", age=30)
print(s) #출력: Name: 홍길동, Age: 30


# object의 인덱스 혹은 키를 사용하여 포맷팅
area = (10, 20)
s = "width: {x[0]}, height: {x[1]}".format(x = area)
print(s) #출력: width: 10, height: 20
```

포맷 문자열 리터럴을 사용하려면, 시작인용 부호 또는 삼중 인용 부호 앞에 f 또는 F를 붙여 문자열을 시작하며 f-문자열(f-string)이라 한다. python 3.6에서 반영되었다. f-문자열은 문자열 맨 앞에 f를 붙여주고, 중괄호 안에 직접 변수 이름이나 출력하고 것을 포함하여 구성한다. 다음은 f-문자열의 사용을 보인 것이다. 출력되는 문자열 result1은 변수 s와 n의 값을 얻어와 문자열로 구성하여 출력한다.

```
# 문자열 맨 앞에 f를 붙이고, 출력할 변수, 값을 중괄호 안에 넣습니다.
s = 'coffee'
n = 5
result1 = f'저는 {s}를 좋아합니다. 하루 {n}잔 마셔요.'
print(result1)
#출력: 저는  coffee를 좋아합니다. 하루 5잔 마셔요.
```

f-문자열 구성시 중괄호 {}안에 있는 변수 뒤에 콜론(:)을 붙인 후 왼쪽 정렬 (<), 오른쪽 정렬(>), 가운데 정렬(^)의 옵션을 넣는다. 그 후에 자릿수를 알려주는 숫자 를 넣어주면 정렬 옵션을 사용할 수 있다.

```
# f-string 왼쪽 정렬
s1 = 'left'
result1 = f'|{s1:<10}|'
print(result1)
출력: | left     |

# f-string 가운데 정렬
s2 = 'mid'
result2 = f'|{s2:^10}|'
print(result2)
출력: |   m:d    |

# f-string 오른쪽 정렬
s3 = 'right'
result3 = f'|{s3:>10}|'
print(result3)
출력: |     right|
```

문제

1 다음의 출력 내용을 예상하시오.

```
b = "Hello, World!"
print(b[2:5])
```

문제풀이 문자열의 위치를 지정하는 색인의 시작은 0이다. b[2:5]는 문자열 슬라이싱을 통해 구성되어진
문자열 b의 색인 2인 'l' 에서 5번째 전인 'o'까지의 부분문자열을 의미한다. 다음이 출력된다.
llo

2 다음 내용을 hello_world4.py 로 저장한 후 수행결과를 보이시오.

```
x = 5
y = "John"
print(x)
print(y)
```

문제풀이 변수 x와 y에 저장된 값을 각각 개별행으로 출력한다.

3 다음 내용을 hello_world5.py 로 저장한 후 수행결과를 보이시오.

```
x = 5
y = "John"
x = 4 # x is of type int
x = "Sally" # x is now of type str
print(x)
```

문제풀이 변수 x에 마지막으로 저장된 문자열 "Sally"를 출력한다.

4 다음 파이션 프로그램의 수행결과를 보이시오.

```
x = "awesome"
print("Python is " + x)
```

문제풀이 프로그램이 수행되면 문자열 "Python is " 과 변수 x의 내용인 "awesome" 이 결합되어진
문자열인 "Python is awesome"을 출력한다.

5 코드의 실행 결과를 예상하라.

```
>> a = "3"
>> b = "4"
>> print(a + b)
```

문제풀이   프로그램이 수행되면 변수 a와 b에 저장된 문자열 "3" 과 "4"이 결합되어진 문자열인 "34"을 출력한다.

6 다음은 수의 자료형을 출력하기 위한 프로그램이다. 수행결과를 보이시오.

```
x = 1   # int
y = 2.8  # float
print(type(x))
print(type(y))
```

문제풀이   type()은 파이썬에서 제공하는 내장함수로서 x와 y의 자료형을 반환한다. x에는 정수값 1이 저장되고 y에는 실수값 2.8이
          저장된다. 그러므로 x의 자료형 int와 y의 자료형 float가 출력된다.
          <class 'int'>
          <class 'float'>

7 다음 함수의 수행 후의 결과를 보이시오.

```
a = "Life is too short"
print (a.split())
```

문제풀이   split()는 문자열을 특정문자로 나누며, 나누어진 문자열을 반환하는 내장함수이다. 구분문자가 지정되지 않는 경우 공백문자를
          기준으로 문자열을 나눈후 나누어진 문자열을 리스트로 반환한다.
          a = "Life is too short"
          print (a.split())

          ['Life', 'is', 'too', 'short']


```
a = "Art is long. Life is too short"
a.split('.')
```

문제풀이   split()는 문자열을 특정문자로 나누며, 나누어진 문자열을 반환하는 내장함수이다. 구분문자가 "."으로 지정되므로 "."문자를
          기준으로 문자열을 나눈후 나누어진 문자열을 리스트로 반환한다.
          a = "Art is long. Life is too short"
          print (a.split("."))

          ['Art is long', ' Life is too short']

8 다음 함수의 수행 후 결과를 보이시오.

",".join(['a', 'b', 'c', 'd'])

문제풀이 　리스트의 값과 값 사이에 '구분자'에 들어온 구분자를 넣어서 하나의 합쳐진 문자열을 반환한다.
",".join(['a', 'b', 'c', 'd'])

a,b,c,d

9 함수 len 을 사용하여 리스트 또는 문자열의 길이를 출력하시오.

name = "Jamie"
print(len(name))

names = ["Bob", "Jane", "James", "Alice"]
print(len(names))

문제풀이 　함수 len()은 인자로 사용되는 문자열 또는 리스트의 구성요소의 개수를 반환한다. 문자열 name이 5개의 문자로 구성되므로 5를 반환한다.
name = "Jamie"
print(len(name))

리스트 names이 4개의 요소로 구성되므로 4를 반환한다.
names = ["Bob", "Jane", "James", "Alice"]
print(len(names))

10 type() 함수는 데이터 타입을 판별한다.
변수 a에는 128 숫자가 바인딩돼 있어 type 함수가 int (정수)형임을 알려준다.

>> a = 128
>> print (type(a))
<class 'int'>

아래 변수에 바인딩된 값의 타입을 판별하라.

>> a = "132"

문제풀이 　변수 a의 자료형을 판별하기 위해서는 type() 함수를 사용한다.

11 문자열 '100'를 정수형으로 변환하라.

>> num_string = "100"

문제풀이   문자열 100'을 정수형으로 변환하기 위해서는 int() 함수를 사용한다.

12 다음은 f-문자열의 사용을 보인 것이다. 예상되는 출력결과를 작성하시오.

```
simple_math_string = f"2 + 3 is equal to {2+3}"
print(simple_math_string)
```

문제풀이   2+3 15 egual to 5

13 다음은 f-문자열의 사용을 보인 것이다. 예상되는 출력결과를 작성하시오.

```
variable = 'alignment!'

print(f'{variable:>20}')
print(f'{variable:<20}')
print(f'{variable:^20}')
```

문제풀이   45쪽 참고

문자열형 요약 및 실전 문제

문자열의 생성 : 단일 인용 부호(' ') 또는 이중 인용 부호(" ")를 사용하여 문자열을 생성한다.

– 문자열 생성 예) a='Hello Python!'   a="Hello Python!"

여러줄의 문자열이 필요한 경우, 세 개의 단일 인용 부호나 세 개의 이중 인용 부호를 사용하여 문자열을 생성할 수 있다.

– 여러줄 문자열 생성 예)

a = '''Hello Python !'''	a = """Hello Python !"""

인덱스 번호에 따른 값(인덱스 번호 : 0 ~ n-1)	
a='Hello Python!'	
인덱스와 요소	a[0] => 'H', a[5] => ' ', a[12] => '!'
음수 인덱스	a[-1] => '!', a[-2] => 'n', a[-13] => 'H'

문자와 코드	
문자 'A'의 ASCII 코드값	ord('A') => 65
ASCII 코드 65에 해당하는 문자	chr(65) => 'A'

문자열 슬라이싱(문자열 범위 나누기) 및 출력	
a='Hello Python!'	
[시작위치:] 시작위치부터 끝까지 출력	a[6:] => 'Python!'
[:끝위치] 처음부터 (끝위치-1)까지 출력	a[:5] => 'Hello' (a[0:5]와 같은 결과)
[:] 문자열 문자열 전체 출력	a[:] => 'Hello Python!'
[-n:] 끝에서 n문자 출력	a[-7:] => 'Python!'
[:-n] 처음에서 (-n-1)까지 출력	a[:-7] => 'Hello '
[시작위치:끝위치] 콜론 앞 인덱스에서 콜론 뒤 인덱스-1 까지 출력	a[6:12] (또는 a[-7:-1]) => 'Python'
범위를 넘어서면 전체 출력	a[-100:100] => 'Hello Python!'
[시작위치:끝위치:건너뛰기] 2칸마다 출력	a[::2] => 'HloPto!' a[6:13:2] (또는 a[6::2]) => 'Pto!'

거꾸로 출력 [시작위치:끝위치:-건너뛰기]	a[::-1](또는 a[13::-1]) => '!nohtyP olleH' a[::-2] => '!otPolH'

문자열 바꾸기(replace)	
a='Hello Python'	

문자열 바꾸기 replace()	a.replace('Hello', 'Hi') => 'Hi Python' * 이때 a의 값은 바뀌지 않는다. (a='Hello Python')
	b=a.replace('Hello', 'Hi') * 이때 b의 값은 'Hi Python'이 된다. (a='Hello Python')

공백 제거(수행 후 문자열은 바뀌지 않는다)	
a=' Hello Python! '	
좌우 공백 제거	a.strip() => 'Hello Python!'
좌측 공백 제거	a.lstrip() => 'Hello Python!'
우측 공백 제거	a.rstrip() => ' Hello Python!'
문자열 제거	a.rstrip("Hello") => 'Python!'

문자열을 정렬하기 위한 함수로는 center(), ljust(), rjust()가 있으며, 특정값을 채워서 문자열을 만들고자 하는 경우 zfill()을 사용한다.

문자열 정렬(수행 후 문자열은 바뀌지 않는다)	
a='hello'	
주어진 자릿 수의 중간에 정렬	a.center(10) => ' hello '
왼쪽에 정렬	a.ljust(10) => 'hello '
오른쪽에 정렬	a.rjust(10) => ' hello'
중간에 정렬, 나머지는 '-'로 채움	a.center(10,'-') => '--hello---'
왼쪽에 정렬, 나머지는 '-'로 채움	a.ljust(10,'-') => 'hello-----'
오른쪽 정렬, 나머지는 '-'로 채움	a.rjust(10,'-') => '-----hello'
앞쪽에 0을 채워 8자리로 만듦	a.zfill(8) => '000hello'

문제

1 문자열 a가 아래와 같이 정의되어 있다. 다음 실행 결과로 에러가 발생하는 것은?

아래

>> a = 'I like python'

① print(a)   ② print(I like "Python")   ③ print('I like "Python"')   ④ print("a")

문제풀이   문자열은 단일 인용 부호(' ') 또는 이중 인용 부호(" ")를 사용한다.
① print(a) => I like Python
② print(I like "Python") => SyntaxError: invalid syntax
③ print('I like "Python"') => I like "Python"
④ print("a") => a

2 인용부호(' 또는 ")를 출력하는 방법으로 잘못된 것은?

① print('Python-"8"')   ② print('Python-\'8\'')   ③ print("Python-\'8\'")   ④ print("Python-"8"")

문제풀이   문자열 안의 인용부호 출력은 (" ' ' ") 또는 (' " " ') 또는 \' 또는 \"의 형식으로 출력할 수 있다.
① print('Python-"8"') => Python-"8"   ② print('Python-\'8\'') => Python-'8'
③ print("Python-\'8\'") => Python-'8'   ④ print("Python-"8"") => SyntaxError: invalid syntax

3 출력 후 아래의 결과가 나타나는 print 문으로 옳은 것은?

결과

Python-'\'

① print("Python-'\"')   ② print('Python-\'\"')   ③ print("Python-'\\"')   ④ print('Python-'\'\')

문제풀이   역슬래시(\)를 출력하려면 두 개의 역슬래시(\\)를 사용한다.
① print("Python-'\"') => Python-"   ② print('Python-\'\"') => Python-"
③ print("Python-'\\"') => Python-'\'   ④ print('Python-'\'\') => SyntaxError

4 문자열 a가 아래와 같을 때 다음의 출력값이 다른 하나는?

아래

a='I like Python'

① a[6::]   ② a[6:]   ③ a[-7:-1]   ④ a[6:13:]

문제풀이   ① a[6::] => ' Python'   ② a[6:] => ' Python'   ③ a[-7:-1] => ' Pytho'   ④ a[6:13:] => ' Python'

5 문자열 a가 아래와 같을 때 다음의 출력값이 다른 하나는?

아래
a='I like Python'

① a[:0:] ② a[::] ③ a[::1] ④ a[-15:]

문제풀이 ① a[:0:] => '' ② a[::] => 'I like Python' ③ a[::1] => 'I like Python' ④ a[-15:] => 'I like Python'

6 문자열 a가 아래와 같을 때 다음의 출력값이 다른 하나는?

아래
a='I like Python'

① a[5::3] ② a[5:11:3] ③ a[-8:-1:3] ④ a[-8::3]

문제풀이 ① a[5::3] => 'eyo' ② a[5:11:3] => 'ey' ③ a[-8:-1:3] => 'eyo' ④ a[-8::3] => 'eyo'

7 문자열 a가 아래와 같을 때 출력결과와 같이 바꾸어 출력하기 위한 연산으로 적합한 것은?

아래	출력결과
a='I like my dog'	a='I like my puppy'

① a.extend('dog', 'puppy') ② a.append('dog', 'puppy')
③ a.rjust('dog', 'puppy') ④ a.replace('dog', 'puppy')

문제풀이 ① 리스트 a = [1, 2]일 때 a.extend([1, 2]) => a=[1, 2, 1, 2] : 리스트 a 확장
② 리스트 a = [1, 2]일 때 a.append(3) => a=[1, 2, 3] : 리스트의 끝에 요소 추가
③ 문자열 a='dog'일 때 a.rjust(6) => '   dog' : 6자리의 오른쪽에 정렬
④ dog를 puppy로 대체한다.

8 문자열 a가 아래와 같을 때, 다음 중 아래와 같이 출력되는 메소드로 맞는 것은?

아래	출력결과
a='I like'	'----I like'

① a.ljust(10, '-') ② a.rjust(10, '-') ③ a.lstrip() ④ a.rstrip(10, '-')

문제풀이 ① a.ljust(10,'-') => 'I like----'
② a.rjust(10,'-') => '----I like'
③ a.lstrip() => 'I like'
④ a.rstrip(10, '-') => TypeError

9 문자열 a가 아래와 같을 때, 다음 중 수행 후 결과값이 앞쪽에 0으로 채워지는 것은?

아래
a='I like'

① a.zfill(10)　　② a.ljust(10)　　③ a.expandtabs(10)　　④ a.strip(10)

문제풀이　　① **a.zfill(10)** => '0000 I like '
　　　　　　② **a.ljust(10)** => ' I like　' : 왼쪽 정렬(10자리)
　　　　　　③ **a.expandtabs()** => ' I like ' : 탭관련(문자열 a에는 탭이 없다), 에러는 발생하지 않는다.
　　　　　　④ **a.strip(10)** : TypeError, a.strip() => 'I like' : 좌우 공백제거

10 리스트 a가 아래와 같이 정의되어 있다. 다음 중 아래의 메소드를 수행한 후 결과값으로 올바른 것은?

아래	메소드
a = ['I', 'like', 'Python']	''.join(a)

① 'I like Python'　　② 'IlikePython'　　③ 'I, like, Python'　　④ 'I,like,Python'

문제풀이　　''.join(a) : a의 각 원소 사이에 ''안의 문자(공백문자)가 삽입된다.
　　　　　　(ex) '-'.join.(a) => 'I-like-Python'

11 문자열 a가 아래와 같을 때 다음 중 수행 후 결과값이 리스트로 출력되는 것은?

아래
a=' I like '

① a.replace('like', 'love')　　② a.strip()　　③ a.split(　　)④ a[-100:100]

문제풀이　　① **a.replace('like', 'love')** => ' I love ' : like가 love로 대체, 문자열
　　　　　　② **a.strip()** => 'I love' : 좌우 공백 제거, 문자열
　　　　　　③ **a.split()** => ['I', 'like'] : 공백으로 분리 후 리스트로 출력
　　　　　　④ **a[-100:100]** => ' I like ' : 문자열 a 전체 출력

2.4 리스트

리스트는 순서를 갖고 내용의 수정(ordered and mutable container)이 가능한 컨테이너로서 파이썬에서 제공하는 가장 기본이 되는 자료구조이다. 리스트를 만들 때는 위에서 보는 것과 같이 대괄호([ ])로 감싸 주고 각 요소값은 쉼표(,)로 구분해 준다. [　]에 요소를 , 로 분리하여 유지한다.

리스트명 = [요소1, 요소2, 요소3, ...]

리스트를 사용하면 1, 3, 5, 7, 9 숫자 모음 또는 문자열의 모음을 다음과 같이 간단하게 표현할 수 있다. 즉, 값의 나열로 여러 자료형의 값을 담을 수 있다. 리스트는 하나의 자료형만 저장하지 않고 정수형이나 실수형 같은 다양한 자료형을 포함할 수 있다.

```
>>> a = []
>>> b = [1, 2, 3]
>>> c = ['Life', 'is', 'too', 'short']
>>> d = [1, 2, 'Life', 'is']
>>> e = [1, 2, ['Life', 'is']]
```

인덱싱(indexing)과 슬라이싱(slicing)을 지원한다. 인덱싱을 위해 리스트에 있는 값에 접근하기 위해 상대적 주소 offset를 사용한다. 옵셋(offset)은 첫번째 값과 얼마나 떨어져 있는지를 표현한 값이다. 리스트 역시 문자열처럼 인덱싱을 적용할 수 있다. 먼저 a 변수에 [1, 2, 3] 값을 설정한다.

```
>>> a = [1, 2, 3]
>>> a
[1, 2, 3]
```

a[0]은 리스트 a의 첫 번째 요소값을 말한다.

다음은 리스트 fruits의 두번째 자료 banana를 출력하고자하는 경우 ( ) 에는 fruits[1]을 지정한다.

```
fruits = ["apple", "banana", "cherry"]
print(                )
type( fruits) # 출력 내용은?
= ⟨class 'list'⟩
```

리스트 a를 숫자 1, 2, 3과 또 다른 리스트인 ['a', 'b', 'c']를 포함하도록 만들어 보자.

```
a = [1, 2, 3, ['a', 'b', 'c']]
```

```
>>> a[0]
1
>>> a[-1]
['a', 'b', 'c']
>>> a[3]
['a', 'b', 'c']
```

index(x) 함수는 리스트에 x 값이 있으면 x의 위치 값을 돌려준다.

```
>>> a = [1,2,3]
>>> a.index(3) #리스트 a에서 요소 3의 인덱스값
2
>>> a.index(1) #리스트 a에서 요소 1의 인덱스값
0
```

리스트 자르기(슬라이싱)

리스트 역시 분할이 가능하다. 리스트의 특정 부분을 잘라내는 것을 말한다. 이는 문자열 슬라이싱과 유사하다. 슬라이싱의 기본적인 형태는 list[시작위치:끝위치]로 표현하며, 끝위치는 포함하지 않는다. 리스트 list[m:n]이라하면 인덱스 m부터 인덱스 n-1까지에 위치한 요소 자르기를 의미한다.

예를 들어 리스트 word=['H', 'e', 'l', 'l', 'o', '!']라 하면

- 기본적인 리스트 자르기 word[1:4]은 다음과 같다.
  >>> word[1:4]
  ['e', 'l', 'l']
  >>>

- word[:3]와 같이 자르기의 시작위치를 생략하면 처음부터의 자르기 (끝위치–1)까지의 의미로 word[0:3]의 의미와 같다.
  >>> word[:3]
  ['H', 'e', 'l']
  >>> word[0:3]
  ['H', 'e', 'l']

- word[3:]와 같이 자르기 끝위치를 생략하면 주어진 곳부터 끝까지를 의미하며, word[3:6]의 의미와 같다.
  >>> word[3:]
  ['l', 'o', '!']
  >>> word[3:6]
  ['l', 'o', '!']

- word[:]와 같이 시작과 끝위치를 생략하면 리스트의 처음부터 끝까지를 의미하며, word[0:6]의 의미와 같다.
  >>> word[:]
  ['H', 'e', 'l', 'l', 'o', '!']
  >>> word[0:6]
  ['H', 'e', 'l', 'l', 'o', '!']

음수 인덱스를 사용하여 슬라이싱 역시 가능하다.
예를 들어 리스트 word=['H', 'e', 'l', 'l', 'o', '!']라 하면

- 음수를 이용한 리스트 자르기 뒤에서 m번째부터 맨뒤까지의 출력은 word[-m:]이다. 따라서 word[-4:]는 다음과 같다.
  >>> word[-4:]
  ['l', 'l', 'o', '!']

- 리스트의 처음부터 (-n-1)까지 출력은 word[:-n]이다. 따라서 word[-4]는 다음과 같다.
  ```
  >>> word[:-4]
  ['H', 'e']
  ```

- 음수로 리스트의 슬라이싱 시작과 끝을 지정하는 경우를 생각해 보자. word[-m:-n]은 뒤에서 m번째부터 뒤에서 (-n-1)까지 출력한다. 따라서 word[-4:-1]은 다음과 같다.
  ```
  >>> word[-4:-1]
  ['l', 'l', 'o']
  ```

- 문자열과 같이 참고적으로 기억해 두어야 할 것이 있다. word[-1]은 마지막 요소를 지목하는 것으로 다음과 같다는 것이다.
  ```
  >>> word[-1]
  '!'
  ```

- 범위를 넘어서면 전체를 출력한다.
  ```
  >>> word[-100:100]
  ['H', 'e', 'l', 'l', 'o', '!']
  ```

리스트 역시 문자열과 같이 주어진 조건만큼 건너뛰면서 자르기를 할 수 있다. word[m:n:c]의 의미는 리스트 word를 m부터 n-1까지 c칸씩 건너뛰면서 자르기를 의미한다.

예를 들어 리스트 word=['P', 'y', 't', 'h', 'o', 'n']이라 하면

- 인덱스 0부터 3까지 2칸씩 띄우기를 하려면, word[0:3:2](또는 word[0:4:2]) 로 표현한다.
  ```
  >>> word[0:4:2]
  ['P', 't']
  >>> word[0:3:2]
  ['P', 't']
  ```

- 처음부터 끝까지 2칸씩 뛰어 자르기를 하려면 word[::2]또는 word[0::2], word[0:6:2]와 같다.
  ```
  >>> word[::2]
  ['P', 't', 'o']
  >>> word[0::2]
  ['P', 't', 'o']
  >>> word[0:6:2]
  ['P', 't', 'o']
  ```

- 주어진 인덱스에서 끝까지 출력은 word[m::c]의 형식이다. 인덱스 1부터 2칸씩 건너뛰어 자르기를 하려면 word[1::2]이다.

  ```
  >>> word[1::2]
  ['y', 'h', 'n']
  ```

리스트의 거꾸로 자르기도 가능하다. 형식은 [시작위치:끝위치:-건너뛰기]의 형식을 갖는다. 이는 시작위치부터 끝위치+1까지 슬라이싱 한다는 의미이다.

예를 들어 설명하겠다. 리스트 word가 word=['P', 'y', 't', 'h', 'o', 'n']이라 하면

- 리스트 자르기(슬라이싱) word[5:3:-1]와 word[5:2:-1]는 다음과 같다. 각각 인덱스 3의 요소('h')와 인덱스 2의 요소 ('t')는 포함하지 않는다.

  ```
  >>> word[5:3:-1]
  ['n', 'o']
  >>> word[5:2:-1]
  ['n', 'o', 'h']
  ```

- 처음부터 끝까지 거꾸로 출력하려면 [::-1] 또는 [마지막인덱스::-1]의 형식이다. word[::-1] 또는 word[5::-1]은 다음과 같이 출력된다.

  ```
  >>> word[::-1]
  ['n', 'o', 'h', 't', 'y', 'P']
  >>> word[5::-1]
  ['n', 'o', 'h', 't', 'y', 'P']
  ```

- 유의할 사항으로 [마지막인덱스:0:-1]은 전체가 출력되지 않는다. 따라서 word[5:0:-1]은 다음과 같이 출력된다.

  ```
  >>> word[5:0:-1]
  ['n', 'o', 'h', 't', 'y']
  ```

- 건너뛰며 거꾸로 자르기의 예 word[::-2]는 다음과 같다.

  ```
  >>> word[::-2]
  ['n', 'h', 'y']
  ```

리스트 추가, 변경, 삭제

리스트는 정의된 리스트에 원소를 추가하거나, 변경하고 삭제할 수 있다.

- 데이터를 주어진 위치에 추가하기 위해 insert() 함수를 사용한다. insert() 함수는 리스트의 주어진 인덱스에 특정 값을 삽입할 수 있다.리스트 number가 number=[1, 2, 4, 5]와 같이 주어졌다. 다음은 인덱스 2에 3을 삽입하는 예이다.

```
>>> number.insert(2, 3)
>>> number
[1, 2, 3, 4, 5]
```

- 리스트의 마지막에 원소를 추가하는 함수는 append()이다. 다음은 리스트 number=[1, 2, 3, 4, 5]가 정의되어 있을 때 원소 추가이다.

```
>>> number=[1, 2, 3, 4, 5]
>>> number.append(6)
>>> number
[1, 2, 3, 4, 5, 6]
```

- 다음은 리스트 result의 함수 append()와 for문을 활용해 0에서 9까지의 정수를 생성된 값을 리스트 result에 저장한다.

```
result=[ ]
for i in range(10):
    result.append(i)
result
[0, 1, 2, 3, 4, 5, 6, 7, 8, 9]
```

리스트의 원소를 삭제하는 방법을 생각해보자. 삭제는 리스트에서 주어진 원소 삭제(list.remove('원소') 또는 list.pop(인덱스)), 인덱스에 의한 삭제(del list[인덱스]), 마지막 원소 삭제(list.pop()), 리스트의 원소 모두 삭제(list.clear())가 있다.

주어진 원소의 삭제를 예를 들어 살펴보겠다.

리스트 word=['H', 'e', 'l', 'l', 'o', '!']가 주어져 있다. remove(원소) 함수는 리스트 내의 첫 번째로 만나는 주어진 원소를 삭제한다.

```
word.remove('l')
>>> word.remove('l')
```

1 **첫 번째 리스트에 두 번째 리스트의 원소를 append()로 결합하여 출력의 결과를 나타내시오.**

list1 = [10, 11, 12, 13, 14]
list2 = [20, 30, 42]

print("List1 before Concatenation:\n" + str(list1))

for x in list2 :
   list1.append(x)

print ("Concatenated list i.e. list1 after concatenation:\n" + str(list1))

문제풀이   >>> print("List1 before Concatenation:\n" + str(list1))
              List1 before Concatenation:
              [10, 11, 12, 13, 14]

              >>> print ("Concatenated list i.e. list1 after concatenation:\n" + str(list1))
              Concatenated list i.e. list1 after concatenation:
              [10, 11, 12, 13, 14, 20, 30, 42]

      >>> word
      ['H', 'e', 'l', 'o', '!']

리스트 result=[1,2,3,4,5,6,7,8,9]가 주어져 있다. 함수 remove()를 사용하여 특정 원소를 제거하기 위한 것을 보인 것으로 0에서 9까지 10개의 원소 중 원소 0을 리스트에서 제거한다.

      result.remove(0)
      >>> result.remove(0)
      >>> result
      >>> [1,2,3,4,5,6,7,8,9]

• 리스트에서 주어진 인덱스의 원소를 삭제하는 방법은 두 가지이다. del과 pop을 사용하는 것이 그것이다. 리스트 word=['H', 'e', 'l', 'l', 'o', '!']가 주어져 있다.

문제

1 리스트 mylist에서 "HTML"을 제거하기 위한 코드를 작성하시오.

mylist = ["Python", "HTML", "Java", "CSS"]

문제풀이   remove() 함수를 활용한다.

```
mylist = ["Python", "HTML", "Java", "CSS"]
mylist.remove("HTML")
print(mylist)
```

```
>>> word=['H', 'e', 'l', 'l', 'o', '!']
>>> del word[2]
>>> word
['H', 'e', 'l', 'o', '!']
>>> word.pop(2)
'l'
>>> word
['H', 'e', 'o', '!']
>>>
```

여기서 del은 대괄호 []를 사용하고, pop는 소괄호 ()를 사용한다는 것을 유념하기 바란다. 또한 pop() 함수는 수행 결과가 반환됨을 유념하자.

다음의 수행 결과를 비교해 보자.

```
>>> word=['H', 'e', 'l', 'l', 'o', '!']
>>> print(del word[1])
SyntaxError: invalid syntax
>>> print(word.pop(1))
e
>>>
```

- pop()함수는 삭제할 원소를 인덱스하지 않을 경우 마지막 원소를 반환하고 삭제한다.

```
>>> word=['H', 'e', 'l', 'l', 'o', '!']
```

```
>>> word.pop()
'!'
>>> word
['H', 'e', 'l', 'l', 'o']
>>>
```

- 다음은 리스트 mylist의 세 번째 자료인 "Java"를 삭제하기 위해 pop() 함수를 사용한 것으로 pop() 함수 호출 후 삭제되어진 자료는 리스트의 변경내용을 통해 확인할 수 있다.

```
mylist = ["Python", "HTML", "Java", "CSS"]
mylist.pop(2)
print(mylist)
['Python', 'HTML', 'CSS']
```

- 리스트의 모든 원소 삭제는 clear() 함수를 사용한다.

```
>>> word=['H', 'e', 'l', 'l', 'o', '!']
>>> word.clear()
>>> word
[]
>>>
```

리스트의 결합 및 확장

여기서는 두 개의 리스트를 결합하여 새로운 리스트 생성하는 방법과, 리스트를 확장하는 방법을 설명한다.

- 복수개의 리스트 결합은 수학연산자의 + 기호를 사용한다. 리스트 3개를 정의한다.

```
word=['H', 'e', 'l', 'l', 'o', '!']
wordH=['H', 'i', '!']
No=[1, 2, 3]
>>> hab = word+wordH+No
>>> hab
['H', 'e', 'l', 'l', 'o', '!', 'H', 'i', '!', 1, 2, 3]
>>>
```

- 리스트 확장은 extend() 함수를 활용한다. listA.extend(listB)의 의미는 listA와 listB를 결합하여 listA에 할당한다.

문제

1 **리스트의 값을 추출하기 위한 함수 pop()을 사용하여 예상결과 (가), (나), (다)를 출력하시오.**

```
>>> cities = ["Hamburg", "Linz", "Salzburg", "Vienna"]
>>> cities.pop(0)
(    가    )
>>> cities ['Linz', 'Salzburg', 'Vienna']
>>> cities.pop(1)
(    나    )
>>> cities ['Linz', 'Vienna']
>>>


>>> cities = ["Amsterdam", "The Hague", "Strasbourg"]
>>> cities.pop()
(    다    )
>>> cities ['Amsterdam', 'The Hague']
>>>
```

문제풀이   pop() 함수는 주어진 인덱스의 원소 또는 마지막 원소를 pop한다.
　　　　　 가. 'Hamburg'
　　　　　 나. 'Salzburg'
　　　　　 다. 'Strasbourg'

```
>>> No=[1, 2, 3]
>>> word=['H', 'e', 'l', 'l', 'o', '!']
>>> No.extend(word)
>>> No
[1, 2, 3, 'H', 'e', 'l', 'l', 'o', '!']
>>> word
['H', 'e', 'l', 'l', 'o', '!']

>>> No=[1, 2, 3]
>>> No.extend([4, 5])
>>> No
[1, 2, 3, 4, 5]
```

문제

1 다음은 2개의 리스트 mylist와 mylist1을 결합하기 위해 extend() 함수를 사용한 것으로 mylist의 뒤에 mylist1의 내용이 추가된 출력 결과는?

```
mylist = ["Python", "HTML", "Java", "CSS"]
mylist1 = ["JavaScript", "R", "C++", "C#"]
mylist.extend(mylist1)
print(mylist)
```

문제풀이　두 개의 리스트가 결합하여 출력된다. 따라서 출력 결과는 아래와 같다.
['Python', 'HTML', 'Java', 'CSS', 'JavaScript', 'R', 'C++', 'C#']

- += 연산자를 이용한 리스트 확장

    ```
    >>> No=[1, 2, 3]
    >>> No += [4, 5]
    >>> No
    [1, 2, 3, 4, 5]
    ```

- * 연산자 활용 리스트 No=[1, 2, 3]일때 3*No(또는 No*3)의 결과를 확인한다.

    ```
    >>> No*3
    [1, 2, 3, 1, 2, 3, 1, 2, 3]
    ```

리스트의 최대, 최소, 합, 길이, 원소의 개수

- 리스트의 최대(max()), 최소(min()), 길이(len())를 반환하는 함수

    ```
    >>> a = [1,2,4,5]
    >>> max(a)
    5
    >>> min(a)
    1
    >>> len(a)
    4
    >>>
    ```

문제

1 *** 연산자를 사용하여 리스트의 구성원소를 추출하여 새로운 리스트로 구성하는 코드를 보인 것이다. 다음의 출력 결과는 무엇인지 작성하시오.**

```
list1 = [10, 11, 12, 13, 14]
list2 = [20, 30, 42]

res = [*list1, *list2]
print ("Concatenated list:\n " + str(res))
```

문제풀이   * 연산자는 리스트의 구성 원소를 추출한다.
```
>>> list1 = [10, 11, 12, 13, 14]
>>> list2 = [*list]
>>> list2
[10, 11, 12, 13, 14]
```

따라서 res = [*list1, *list2]의 결과로
res = [10, 11, 12, 13, 14, 20, 30, 42] 이다.

- 리스트 내 원소의 합을 반환하는 sum() 함수
  ```
  >>> a = [1,2,4,5]
  >>> sum(a)
  12
  >>>
  ```
- 리스트 a 에 포함된 특정 원소의 갯수 세기를 얻기 위해 count() 함수를 사용한다. 다음은 리스트 a 내에 1의 개수를 출력하기 위한 코드를 작성한 것이다.
  ```
  >>> a = [1,2,4,5]
  >>> a.count(1)
  1
  >>>
  ```

문제

1 리스트 inp_lst의 평균을 구하기 위해 작성된 파이썬 코드를 완성하시오.
평균값 lst_avg 는 소수점 이후 3자리 까지 출력하도록 한다.

```
inp_lst = [12, 45, 78, 36, 45, 237.11, -1, 88]
sum_of_lst = sum(inp_lst)

lst_avg = sum_of_lst/len(inp_lst)
print("Average value of the list:\n")
print(lst_avg)
print("Average value of the list with precision upto 3 decimal value:\n")
print(round(lst_avg,3))
```

문제풀이   아래의 출력 결과를 참고하시오.
Average value of the list:

67.51375
Average value of the list with precision upto 3 decimal value:

67.514

리스트 응용

기존의 리스트형을 사용하여 간단하게 새로운 리스트를 생성한다. for문을 통해 0에서 9까지
의 정수를 생성하여 이를 리스트 result에 저장한다. 이를 리스트에 for문 또는 if문을 사용하
는 리스트 컴프리핸션(Comprehension)이라고 한다.

```
result = [i for i in range(10)]
result
[0, 1, 2, 3, 4, 5, 6, 7, 8, 9]
```

다음은 2개의 리스트 list_a와 list_b를 순서대로 구성원소를 각각 더하여 새로운 리스트
elementwise_sum 에 구성하기 위한 코드를 보인 것이다.

```
list_a = [1,2,3,4]
list_b = [5,6,7,8]
elementwise_sum  = [sum(pair) for pair in zip(list_a, list_b)]
print(elementwise_sum)
결과 = [6,8,10,12]
*참고
zip함수는 점퍼의 지퍼처럼 복수개의 리스트를 나열한다. 아래의 리스트
list_a = [1,2,3,4]
list_b = [5,6,7,8,] 과 하면
ziplist = list(zip(list_a, l:a_b))
print(ziplist)
```

문제

1

리스트의 자료 원소에 대해 제곱값을 구한 것이다. 단순화된 리스트 처리 방식으로 리스트 내부 처리를 통해 동일한 결과를 출력하도록 작성하시오.

```
nums = [0, 1, 2, 3, 4]
squares = []
for x in nums:
        squares.append(x ** 2)
print(squares)   # Prints [0, 1, 4, 9, 16]
```

문제풀이
```
nums = [0, 1, 2, 3, 4]
squares = [x ** 2 for x in nums]
print(squares)   # Prints [0, 1, 4, 9, 16]
```

2

리스트의 짝수 자료 원소에 대해 제곱값을 하도록 코드를 작성하시오.

```
nums = [0, 1, 2, 3, 4]
```

문제풀이
```
even_squares = [x ** 2 for x in nums if x % 2 == 0]
print(even_squares) # Prints "[0, 4, 16]"
```

두 개의 리스트를 결합하여 새로운 리스트 생성하기 위한 다양한 방법을 설명한다.

1) + 연산자를 사용하여 2개 리스트를 결합하기
```
list1 = [10, 11, 12, 13, 14]
list2 = [20, 30, 42]
res = list1 + list2
print ("Concatenated list:\n" + str(res))
```

2) 첫 번째 리스트에 두 번째 리스트의 원소를 append() 로 결합하기
```
list1 = [10, 11, 12, 13, 14]
list2 = [20, 30, 42]
print("List1 before Concatenation:\n" + str(list1))
for x in list2 :
        list1.append(x)
print ("Concatenated list i.e. list1 after concatenation:\n" + str(list1))
```

3) 첫 번째 리스트에 extend()를 사용하여 두 번째 리스트 결합하기
```
list1 = [10, 11, 12, 13, 14]
list2 = [20, 30, 42]
print("list1 before concatenation:\n" + str(list1))
list1.extend(list2)

print ("Concatenated list i.e ,ist1 after concatenation:\n"+ str(list1))
```

4) * 연산자를 사용하여 리스트의 구성원소를 추출하여 결합하기
```
list1 = [10, 11, 12, 13, 14]
list2 = [20, 30, 42]
res = [*list1, *list2]

print ("Concatenated list:\n " + str(res))
```

문자열형 요약 및 실전 문제

인덱싱

리스트, a=[5, 10, 15]

인덱스에 의한 요소 접근	a[0] => 5, a[1] => 10, a[2] => 15
원소에 따른 인덱스	a.index(15) => 2 #요소 15의 인덱스 2

문자열 슬라이싱 (문자열 범위 나누기) 및 출력

a='Hello Python!'

[시작위치:] 시작위치부터 끝까지 출력	a[6:] => 'Python!'
[:끝위치] 처음부터 (끝위치-1)까지 출력	a[:5] => 'Hello' (a[0:5]와 같은 결과)
[:] 문자열 문자열 전체 출력	a[:] => 'Hello Python!'
[-n:] 끝에서 n문자 출력	a[-7:] => 'Python!'
[:-n] 처음에서 (-n-1)까지 출력	a[:-7] => 'Hello '

리스트의 추가, 변경, 삭제

리스트에 추가	a=[5, 10, 15] a.append(20) => a=[5, 10, 15, 20]
인덱스에 삽입	b=[1, 2, 3] b.insert(2, 3) => b=[1, 2, 3, 3] : 인덱스 2에 3추가
리스트위 요소 삭제	a=[5, 10, 15] a.remove(15) => a=[5, 10] : 최초의 15 삭제
인덱스에 의한 삭제	a=[5, 10, 15] del a[0] => a=[10, 15], del a[2] => a=[5, 10]
리스트의 마지막 요소 제거	a=[5, 10, 15] a.pop() => 15, a=[5, 10] a=[5, 10, 15] a.pop(1) => 10, a=[5, 15] : 인덱스 1의 요소 제거
모든 원소 삭제	a.clear() # 모든 원소 삭제 후 빈 리스트

리스트의 결합 및 확장	
리스트의 결합	a=[5, 10, 15], b=[1, 2, 3], school=['class', 'course'] c=a+b => c=[5, 10, 15, 1, 2, 3] b=b+school => b=[1, 2, 3, 'class', 'course']
리스트 확장	b=[1, 2] b.extend([3, 4]) (또는 b += [3, 4]) => b=[1, 2, 3, 4]
리스트 연산(* 연산)	b=[1, 2] b*3(또는 3*b) => [1, 2, 1, 2, 1, 2] => b=[1, 2]

리스트의 최대, 최소, 합, 길이	
리스트의 최대값	a=[5, 10, 15] max(a) => 15
리스트의 최솟값	a=[5, 10, 15] min(a) => 5
리스트의 길이	a=[5, 10, 15] len(a) => 3
리스트 b 요소의 합	b=[1, 2, 3] sum(b) => 6
요소 개수 세기	c=[1, 1, 2, 3, 3, 3] c.count(3) => 3 # 요소 3의 개수

문제

1 **다음 중 빈 리스트를 생성하는 방법으로 올바른 것은?**

① create a=[② a=[]   ③ a.blank()   ④ a.blank=()

문제풀이   ① create a=[] => SyntaxError   ② a=[] : 빈리스트 만들기
③ a.blank() => AttributeError   ④ a.blank=() => AttributeError

문제

2 변수가 아래와 같고, 조건이 다음과 같을 때, 리스트 a의 값은?

아래(변수)	조건
n = 5 i = 1	a = [0 for i in range(n)]

① [0, 0, 0, 0, 0]　　② [0, 1, 2, 3, 4]　　③ [1, 1, 1, 1, 1]　　④ [1, 2, 3, 4, 5]

문제풀이　　n=5일때 for문은 i값이 0~4까지 반복한다. 그러므로 a의 값은 [0, 0, 0, 0, 0] 이다. 아래(변수)의 주어진 i=1은 영향을 미치지
　　　　　않는다.

3 1에서 10사이의 홀수로 이루어진 리스트 odd를 작성하시오.

문제풀이　　odd = [1, 3, 5, 7, 9]

4 리스트 a가 아래와 같을 때, 수행 후 리스트 a의 결과가 아래 결과와 같이 되는 함수로 알맞은 것은?

아래	아래(결과)
a=[1, 2, 3]	a=[]

① a.remove()　　② a.clear()　　③ a.pop()　　④ a.del()

문제풀이　　① a.remove(3) : 리스트 a에서 최초의 3을 삭제한다.
　　　　　② a.clear() : 리스트 a의 요소를 모두 삭제하고, 공백 리스트로 만든다.
　　　　　③ a.pop() : 리스트 a의 마지막 요소를 삭제한다.
　　　　　④ del a[index] : 리스트 a의 index 원소를 삭제한다.

5 리스트 a가 아래와 같을 때, 수행 후 b의 값이 다른 것은?

아래
a=[1, 2, 3]

① b=a[2]　　② b=a.pop()　　③ b=a.len()　　④ b=a.index(2)

문제풀이　　① b=a[2] : 리스트 a의 인덱스 2의 요소 값, a[0]=>1, a[1]=>2, a[2]=>3 (b = 3)
　　　　　② b=a.pop() : 리스트 a의 마지막 요소를 pop하여 변수 b에 할당(b = 3), 리스트 a의 값은 [1, 2]가 된다.
　　　　　③ b=a.len() : 리스트 a의 길이 3을 변수 b에 할당(b = 3)
　　　　　④ b=a.index(2) : 리스트 a의 요소 중 최초 2의 값 인덱스를 변수 b에 할당(b = 1).

6 리스트 a가 아래와 같을 때, 수행 결과 요소 리스트 b가 요소 3을 포함하지 않는 것은?

아래
a = [1, 2, 3, 4, 5]

① b = a[:3]　　② b = a[0:3]　　③ b = a[1:3]　　④ b = a[3:]

문제풀이　　① a[:m]　# 0~(m-1)인덱스,　a[:3] => [1, 2, 3]
　　　　　　② a[0:m]　# 0~(m-1)인덱스,　a[0:3] => [1, 2, 3]
　　　　　　③ a[m:n]　# m~(n-1)인덱스,　a[1:3] => [2, 3]
　　　　　　④ a[m:]　# m~(마지막)인덱스,　a[3:] => [4, 5]

7 리스트 a가 아래와 같을 때, 수행 후 다른 값을 갖는 것을 고르시오.

아래
a=[1, 2]

① b = a+[1, 2]　　② b = a+a　　③ b = 2*a　　④ b = a.extend([1, 2])

문제풀이　　① b => [1, 2, 1, 2]
　　　　　　② b => [1, 2, 1, 2]
　　　　　　③ b => [1, 2, 1, 2]
　　　　　　④ a.extend([1, 2]) => 리스트 a의 값이 [1, 2, 1, 2]로 a.extend([1, 2])의 결과가 b에 할당되지 않는다.
　　　　　　>>> a=[1, 2]
　　　　　　>>> b = a.extend([1, 2])
　　　　　　>>> b
　　　　　　>>> a
　　　　　　[1, 2, 1, 2]
　　　　　　>>>

8 리스트 a와 변수 n이 아래와 같을 때, 아래의 for문 수행 후 리스트 a의 값으로 가장 적합한 것은?

아래	아래(for문)
a=[0] n = 3	for i in range(n): a.insert(i,i)

① [0, 1, 2]　　　② [0, 1, 2, 3]　　　③ [0, 1, 2, 0]　　　④ [0, 0, 1, 2]

문제풀이　　n=3이므로 리스트 a의 변화는 i의 변화에 따라 [0] 〉 [0, 0] 〉 [0, 1, 0] 〉 [0, 1, 2, 0] 값을 차례로 갖는다.

2.5 | 튜플(Tuple)

튜플은 리스트와 비슷하게 여러 요소들을 갖는 컬렉션이다. 리스트와 다른 점은 튜플은 새로운 요소를 추가하거나 갱신, 삭제하는 일을 할 수 없다. 즉, 튜플은 한번 결정된 요소를 변경할수 없는 변경불가(Immutable) 데이터 타입이다. 따라서, 튜플은 컬렉션이 항상 고정된 요소값을 갖기를 원하거나 변경되지 말아야 하는 경우에 사용하게 된다.

튜플은 리스트(list)와 거의 비슷하며, 리스트와 다른 점은 다음과 같다.
- 리스트는 [ ]으로 둘러싸지만 튜플은 ( )으로 둘러싼다.
- 리스트는 그 값의 생성, 삭제, 수정이 가능하지만 튜플은 그 값을 바꿀 수 없다.

```
thistuple = ("apple", "banana", "cherry")
thistuple[1] = "blackcurrant"
TypeError: 'tuple' object does not support item assignment
print(thistuple)
결과=>('apple', 'banana', 'cherry')
```

튜플의 요소들은 둥근 괄호(...) 를 사용하여 컬렉션을 표현하는데, 각 요소들은 서로 다른 타입이 될 수 있으며, 콤마(,)로 구분한다. 요소가 없는 빈 튜플은 "()"와 같이 표현한다.

```
t = ("AB", 10, False)
print(t)
결과=> ('ab', 10, false)
```

특히 요소가 하나일 경우에는 요소 뒤에 콤마를 붙여 명시적으로 튜플임을 표시해야 한다. 아래 예제를 보면 첫번째 (123)의 경우, 이는 산술식의 괄호로 인식하여 t1의 타입이 정수가 된다. 이러한 혼동을 방지하기 위해 t2와 같이 (123,) 콤마를 붙여 명시적으로 튜플임을 표시한다.

```
t1 = (123)
print(t1)  # int 타입
t2 = (123,)
print(t2)  # tuple 타입
```

튜플 인덱싱과 슬라이싱

튜플은 리스트와 마찬가지로 한 요소를 리턴하는 인덱싱과 특정 부분집합을 리턴하는 슬라이싱을 지원한다. 단, 요소값을 변경하거나 추가 혹은 삭제하는 일은 할 수 없다.

```
t = (1, 5, 10)

# 인덱스
second = t[1]     # 5
last = t[-1]      # 10

# 슬라이스
s = t[1:2]        # (5)
s = t[1:]         # (5, 10)
```

튜플은 리스트와 마찬가지로 두 개의 튜플을 병합하기 위해 플러스(+)를 사용하고, 하나의 튜플을 N 번 반복하기 위해서는 "튜플 * N"와 같이 표현한다.

```
# 병합
a = (1, 2)
b = (3, 4, 5)
c = a + b
print(c)   # (1, 2, 3, 4, 5)

# 반복
d = a * 3  # 혹은 "d = 3 * a"도 동일
print(d)   # (1, 2, 1, 2, 1, 2)
```

튜플 데이터를 변수에 할당할 때, 각 요소를 각각 다른 변수에 할당할 수도 있다. 예를 들어, 아래 예제에서 첫번째 예의 name 변수는 튜플 전체를 할당받는 변수이지만, 두번째의 firstname, lastname 변수는 튜플에 있는 각 요소를 하나씩 할당받는 변수들이다.

```python
name = ("John", "Kim")
print(name)
# 출력: ('John', 'Kim')
firstname, lastname = ("John", "Kim")
print(lastname, ",", firstname)
# 출력: Kim, John
```

튜플(tuple) 요약 및 실전문제

tuple type(튜플형) : 요소를 추가, 변경, 삭제 할수 없다.

인덱싱		
튜플의 표현	a = (10, 20, 30)	요소를 ( )에 표현
	a = 10, 20, 30	또는 요소 사이에 콤마(,)를 찍어 표현
	a = (10,)	요소가 한 개인 경우 요소 뒤에 콤마찍어 표현
	a = 10,	

튜플의 인덱싱	
a = (1, 2, 3), b = 2, 3, 4	
튜플[인덱스]	a[0] => 1, b[1] => 3

튜플의 슬라이싱	
튜플[:n] 처음에서 인덱스 (n-1)까지	a = (1, 2, 3) a[:1] => (1,)
튜플[n:] 인덱스 n부터 끝까지	a = (1, 2, 3) a[1:] => (2, 3)
튜플[m:n] 인덱스 m부터 n-1까지	a = (1, 2, 3) a[1:3] => (2, 3)

튜플의 확장	
n*튜플(또는 튜플*n)	a = (1, 2, 3) 2*a => (1, 2, 3, 1, 2, 3)
튜플+튜플1	a = (1, 2, 3), b = 2, 3, 4 a+b => (1, 2, 3, 2, 3, 4)
len(튜플)	a = (1, 2, 3) len(a) => 3

튜플 요소의 확장	
요소 할당	tuple A, tuple B ('Apple', 'banana') print(tuple A) => 'Apple' print(tuple B) => 'banana'

문제

1 변하지 않는 자료를 만들기에 적합한 자료구조는?

① 리스트형 　　② 튜플형 　　③ 집합형 　　④ 딕셔너리형

문제풀이　　튜플형은 추가, 삭제 등으로 기존의 튜플을 변경 할 수 없다.

2 튜플 a의 값이 아래와 같이 정의되어 있을 때, 다음 중 튜플에서 사용 가능한 함수가 아닌 것은?

아래
a = (1, 2, 3, 4)

① len() 　　② count() 　　③ range() 　　④ shuffle()

문제풀이　　① len(a) => 4 #튜플의 깊이　　② a.count(2) => 1 # 원소 2의 갯수
　　　　　　③ a = tuple (range(1,5)) # a = (1, 2, 3, 4)　　④ shuffle() # 튜플은 변경할 수 없다.

3 튜플형 a가 아래와 같이 정의되어 있다. print(a)와 print(a[1])의 수행결과의 짝으로 잘 짝지어진 것은?

아래
a = (1, 2, 3)

① print(a) => (1, 2, 3), print(a[1]) => 2　　　② print(a) => 1, 2, 3, print(a[1]) => 2
③ print(a) => (1, 2, 3), print(a[1]) => (2)　　④ print(a) => (1, 2, 3), print(a[1]) => (2,)

문제풀이　　print(a) : 튜플 a 출력=> (1, 2, 3)
　　　　　　print(a[1]) : 튜플 a의 인덱스 1 요소 출력=> 2

4 튜플형, a와 b 그리고 리스트형 c가 아래와 같이 정의되어 있다. 다음 중 연산이 에러가 발생하는 것은?

아래
a = (1, 2, 3)
b = 2, 3, 4
c = []

① c = a + b 　　② d = a + b 　　③ c = a 　　④ c = a−b

문제풀이　　① c = a + b => c는 튜플형이다. (1, 2, 3, 2, 3, 4) #처음 c가 선언되었을 때는 리스트형
　　　　　　② d = a + b => d는 튜플형으로 생성된다. (1, 2, 3, 2, 3, 4)
　　　　　　③ c = a => c는 튜플형이다. (1, 2, 3) #처음 c가 선언되었을 때는 리스트형
　　　　　　④ c = a−b => TypeError: unsupported operand type(s) for −: 'tuple' and
　　　　　　'tuple'

5 튜플형 b가 아래와 같이 정의되어 있을 때, 다음 중 연산이 잘못 짝지어진 것은?

아래
b = (2, 3, 4)

① b.index(2) => 0　　② len(b) => 3　　③ 2 * b => (4, 6, 8)　　④ 3 in b => true

문제풀이　　2 * b => (2, 3, 4, 2, 3, 4)

6 다음의 튜플 연산 중 튜플 a의 값이 아래 결과와 같이 되는 연산으로 알맞은 것은?

아래(결과)
a = (1, 3, 5)

① a= tuple(i for i in range(5) if i % 2 == 1)　　② a= tuple[i for i in range(5) if i % 2 == 1]

③ a= tuple(i for i in range(6) if i % 2 == 1)　　④ a= tuple[i for i in range(6) if i % 2 == 1]

문제풀이　　① a= tuple(i for i in range(5) if i % 2 == 1) => (1, 3)

　　　　　　② a= tuple[i for i in range(5) if i % 2 == 1] => SyntaxError

　　　　　　③ a= tuple(i for i in range(6) if i % 2 == 1) => (1, 3, 5)

　　　　　　④ a= tuple[i for i in range(6) if i % 2 == 1] => SyntaxError

7 튜플 x가 아래와 같이 정의되어 있다. 이때 결과 a의 결과값이 (3, 4, 5)가 나올 수 있는 연산으로 가장 적합한 것은?

아래
x = (1, 2, 3)

① a=tuple(map(lambda x : x+2, x))　　② a=tuple(map(lambda x : x+2))

③ a=tuple(map(lambda x+2 : x))　　④ a=tuple(map(lambda x, x+2 : x))

문제풀이　　a=tuple(map(lambda x : x+2, x)) => (3, 4, 5)

문제

8 리스트 a가 아래와 같을 때 수행 결과 원소 리스트 b가 요소 3을 포함하지 않는 것은?

조건	아래(실행)
n = 5	a = tuple(i for i in range(n))

① (0, 0, 0, 0, 0)　② (0, 1, 2, 3, 4)　③ [0, 0, 0, 0, 0]　④ [0, 1, 2, 3, 4]

문제풀이　n=5일때 for문은 i값이 0~4까지 반복한다. 그러므로 튜플 a의 값은 (0, 1, 2, 3, 4) 이다.

9 아래의 실행 후 튜플 a의 값이 아래의 결과와 같이 되기 위한 변수 b와 c의 값으로 맞게 짝지어진 것은?

아래(실행)	아래(결과)
a=tuple(range(b, c))	a=(2, 3, 4)

① b = 1, c = 4　② b = 4, c = 1　③ b = 2, c = 5　④ b = 5, c = 2

문제풀이　tuple(range(b, c)) => b에서 c-1까지의 튜플이 생성된다.
　　　　　print(tuple(range(2, 5)))는 (2, 3, 4)가 출력된다.

10 튜플 a와 b의 값이 아래와 같이 주어졌을 때 아래 결과값을 얻기 위해 가장 적합한 연산은?

아래	아래(결과)
a=(1, 2) b=(3, 4)	(1, 2, 3, 4)

① a + b　② a | b　③ a ^ b　④ a is b

문제풀이　① a + b => (1, 2, 3, 4)　② a | b => Type error　③ a ^ b => Type error　④ a is b => false

11 튜플 a의 값이 아래와 같다. 다음 중 가장 적절하지 않은 것은?

아래
a = (1, 2, 3, 4)

① min(a) => 1　② max(a) => 4　③ a.count(1) => 2　④ sum(a) => 10

문제풀이　① min(a) : 튜플 a 요소의 최솟값　　② max(a) : 튜플 a 요소의 최댓값
　　　　　③ a.count(1) : 튜플 a의 요소 중 1의 개수　④ sum(a) : 튜플 요소의 합

12 튜플 a가 아래와 같이 정의되어 있을 때, 수행 후 오류가 발생하거나 b의 값이 다른 것은?

아래
a = (2, 2, 3, 3, 2)

① b=a[2]　　② b=max(a)　　③ b=a.count(2)　　④ b=a.index(3)

문제풀이　　① b=a[2] : 튜플 a의 인덱스 2의 요소 값 (b의 값 3)
　　　　　　② b=max(a) : 튜플 a의 요소 중 가장 작은 값.(b의 값 3)
　　　　　　③ b=a.count(2) : 튜플 a의 요소 중 2의 개수(b의 값 3)
　　　　　　④ b=a.index(3) : 튜플 a의 요소 중 처음 나오는 3의 인덱스 값을 변수 b에 할당 (b의 값2)

13 튜플 a가 아래와 같이 정의되어 있을 때, 다음 연산 중 잘못된 것은?

아래(결과)
a = (1, 3, 5)

① a[:3] => (1, 2, 3)　　② a[-0:] => (5,)　　③ a[-1:] => (5,)　　④ a[1:2] => (2,)

문제풀이　　a[-0:] => (1, 2, 3, 4, 5)

14 튜플 a가 아래일 때, 다음 수행 후 b의 결과값이 아래 결과와 같이 나오지 않는 것을 고르시오.

아래	아래(결과)
a = (1, 2)	b = (1, 2, 1, 2)

① b = a+(1, 2)　　② b = a+a　　③ b = 2*a　　④ b=a.extend((1, 2))

문제풀이　　b=a.extend((1, 2)) => 에러가 발생한다.
　　　　　　AttributeError: 'tuple' object has no attribute 'extend'

2.6 | 딕셔너리

딕셔너리(Dictionary)는 "키(Key) - 값(Value)" 쌍을 요소로 갖는 컬렉션이다. 단어 그대로 해석하면 사전이라는 뜻이다. 순서를 갖는 컬렉션으로 수정가능, 중복허락하지 않는다. 연관 배열(Associative array) 또는 해시(Hash)라고 하며 Map 이라고도 불린다. 키(Key)로 신속하게 값(Value)을 찾아내는 해시테이블(Hash Table) 구조를 갖는다. 다음은 기본 딕셔너리의 모습이다. Key와 Value의 쌍 여러 개가 { }로 둘러싸여 있다. 각각의 요소는 Key : Value 형태로 이루어져 있고 쉼표(,)로 구분되어 있다.

```
{Key1:Value1, Key2:Value2, Key3:Value3, ...}
```

즉, Dictionary는 Key와 Value 쌍으로 이루어진 자료형으로 이해할 수 있다.

```
thisdict = {
"brand": "Ford",
"model": "Mustang",
"year": 1964
}
```

다음은 딕셔너리 thisdict의 키를 얻기 위한 keys() 함수를 보인 것이다. thisdict을 구성하는 키를 리스트로 반환한다.

```
thisdict.keys()
dict_keys(['brand', 'model', 'year'])
```

다음은 딕셔너리 thisdict에서 주어진 키에 해당되는 값을 얻기 위한 get() 함수를 보인 것이다. 다음은 변수 key에 'brand'를 지정하여 'Ford'를 반환한다.

```
key = 'brand'
value = thisdict.get(key)
value
```

딕셔너리에 키를 사용하여 값을 얻기 위해서는 딕셔너리변수[키]를 사용할 수 있다.

```
x = thisdict["model"]
```

파이썬에서 Dictionary는 "dict" 클래스로 구현되어 있다. Dictionary의 키는 그 값을 변경할 수 없는 Immutable 타입이어야 하며, Dictionary 값(value)은 Immutable과 Mutable 모두 가능하다. 예를 들어, Dictionary의 키로 문자열이나 Tuple은 사용될 수 있는 반면, 리스트는 키로 사용될 수 없다.

Dictionary의 요소들은 Curly Brace "{...}" 를 사용하여 컬렉션을 표현하는데, 각 요소들은 "Key:Value"" 쌍으로 되어 있으며, 요소간은 콤마로 구분한다. 요소가 없는 빈 Dictionary는 "{}"와 같이 표현한다. 특정 요소를 찾아 읽고 쓰기 위해서는 "Dictionary변수[키]"와 같이 키를 인덱스처럼 사용한다.

```
scores = {"철수": 90, "민수": 85, "영희": 80}
v = scores["민수"]   # 특정 요소 읽기
scores["민수"] = 88  # 쓰기
print(scores) # {"철수": 90, "민수": 88, "영희": 80}
```

파이썬의 Dictionary는 생성하기 위해 위의 예제와 같이 {...} 리터럴(Literal)을 사용할 수도 있지만, 또한 dict 클래스의 dict() 생성자를 사용할 수도 있다. dict() 생성자는 (아래 첫번째 예처럼) 키-값 쌍을 갖는 Tuple 리스트를 받아들이거나 (두번째 예처럼) dict(key=value, key=value, ...) 식의 키-값을 직접 파라미터로 지정하는 방식을 사용할 수 있다.

```
# 1. Tuple List로부터 dict 생성
persons = [('김기수', 30), ('홍대길', 35), ('강찬수', 25)]
mydict = dict(persons)

age = mydict["홍대길"]
print(age)  # 35
```

```
# 2. Key=Value 파라미터로부터 dict 생성
scores = dict(a=80, b=90, c=85)
print(scores['b'])  #90
```

Dictionary 요소를 수정하기 위해서는 "Dictionary[키]=새값"와 같이 해당 키 인덱스를 사용하여 새값을 할당하면 된다. Dictionary에 새로운 요소를 추가하기 위해서는 수정 때와 마찬가지로 ("Dictionary[새키]=새값") 새 키에 새 값을 할당한다. Dictionary 요소를 삭제하기 위해서는 "del 요소"와 같이 하여 특정 요소를 지운다.

```
scores = {"철수": 90, "민수": 85, "영희": 80}
scores["민수"] = 88   # 수정
scores["길동"] = 95   # 추가
del scores["영희"]
print(scores)
# 출력 {'철수': 90, '민수': 88, '길동': 95}
```

Dictionary에 있는 값들을 모두 출력하기 위해서는 다음과 같이 루프를 사용할 수 있다. 아래 예제에서 for 루프는 scores 맵으로부터 키를 하나씩 리턴하게 된다. 이때 키는 랜덤하게 반환되는데, 이는 해시테이블의 속성이다. 각 키에 따른 값을 구하기 위해서는 scores[key]와 같이 사용한다.

```
scores = {"철수": 90, "민수": 85, "영희": 80}

for key in scores:
val = scores[key]
print("%s : %d" % (key, val))
# 출력 철수: 90,
        민수': 85
        영희: 80
```

Dictonary와 관련하여 dict 클래스에는 여러 유용한 메소드들이 있다. dict 클래스의 keys()는 Dictonary의 키값들로 된 dict_keys 객체를 리턴하고, values()는 Dictonary의 값들로 된 dict_values 객체를 리턴한다.

```python
scores = {"철수": 90, "민수": 85, "영희": 80}

# keys
keys = scores.keys()
for k in keys:
    print(k)
# 출력: 철수
        민수
        영희


# values
values = scores.values()
for v in values:
    print(v)
# 출력: 90
        85
        80
```

dict의 items()는 Dictonary의 키-값 쌍 튜플들로 구성된 dict_items 객체를 리턴한다. 참고로 dict_items 객체를 리스트로 변환하기 위해서는 list()를 사용할 수 있다. 이는 dict_keys, dict_values 객체에도 공히 적용된다.

```python
scores = {"철수": 90, "민수": 85, "영희": 80}

items = scores.items()
print(items)
# 출력: dict_items([('민수', 85), ('영희', 80), ('철수', 90)])
```

```
# dict_items를 리스트로 변환할 때
itemsList = list(items)
print(itemlist)
# 출력: [('민수', 85), ('영희', 80), ('철수', 90)]
```

dict.get() 메소드는 특정 키에 대한 값을 리턴하는데, 이는 Dictionary[키]를 사용하는 것과 비슷하다. 단, Dictionary[키]를 사용하면 키가 없을 때 에러(KeyError)를 리턴하는 반면, get()은 키가 Dictionary에 없을 경우 None을 리턴하므로 더 유용할 수 있다. 물론 get()을 사용하는 대신 해당 키가 Dictionary에 존재하는지 체크하고 Dictionary[키]를 사용하는 방법도 있다. 키가 Dictionary에 존재하는지를 체크하기 위해서는 멤버쉽연산자 in 을 사용하면 된다.

```
scores = {"철수": 90, "민수": 85, "영희": 80}
v = scores.get("민수")  # 85
v = scores.get("길동")  # None
v = scores["길동"]      # 에러 발생


# 멤버쉽연산자 in 사용
if "길동" in scores:
    print(scores["길동"])


scores.clear()  # 모두 삭제
print(scores)
# 출력: {}
```

dict.update() 메소드는 Dictionary 안의 여러 데이터를 한꺼번에 갱신하는데 유용한 메소드이다. update() 안에 Dictionary 형태로 여러 데이터의 값을 변경하면, 해당 데이터들이 update() 메소드에 의해 한꺼번에 수정된다.

```
persons = [('김기수', 30), ('홍대길', 35), ('강찬수', 25)]
mydict = dict(persons)


mydict.update({'홍대길':33,'강찬수':26})
print(mydict)
# 출력: {'김기수':30, '홍대길':33, '강찬수':26}
```

1 다음은 국가별 국제전화 코드를 딕셔너리로 구성한 것을 보인 것이다. key가 "Korea"일 때
해당되는 value는 무엇인지 작성하시오.

country_code = {}
country_code = {"US": 1, "Korea": 82, "China":86, "Japan":81}

문제풀이   get() 함수는 딕셔너리의 특정 key에 대한 value를 가져온다.

>>> country_code = {"US": 1, "Korea": 82, "China":86, "Japan":81}
>>> country_code.get("Korea")
82
>>>

2 다음은 위의 딕셔너리 country_code의 key만을 얻기 위한 함수 사용을 보인 것이다.
밑줄친 부분에 적합한 함수를 작성하시오.

country_code.   ()

문제풀이   keys() 함수는 딕셔너리 아이템의 Key만 모아서 view를 생성한다.

>>> country_code = {"US": 1, "Korea": 82, "China":86, "Japan":81}
>>> country_code.keys()
dict_keys(['US', 'Korea', 'China', 'Japan'])
>>>

3 다음은 딕셔너리 country_code에 새로운 국가 코드를 추가하기 위해 작성된 코드의 내용이다.
"German" 의 코드를 49로 지정하기 위한 코드를 작성하시오.

문제풀이   – 딕셔너리에 key와 value를 추가하는 연산은 다음과 같다.
              – 연산 : 딕셔너리이름['key'] = 'value'

>>> country_code['German'] = 49
>>> country_code
{'US': 1, 'Korea': 82, 'China': 86, 'Japan': 81, 'German': 49}
>>>

문제

4 다음은 딕셔너리 country_code의 key에 "UK"가 있는지 검사한 후 없으면 "UK" 의 코드를 44로 지정하기 위한 코드를 작성하시오.

문제풀이   – in : 킷값이 딕셔너리에 포함되어 있는지 확인한다.

```
if "UK" in country_code.keys():   # "UK"가 딕셔너리의 키로 존재 확인
    pass
else:
    country_code["UK"] = 44         # 존재하지 않으면 추가
```

5 다음은 딕셔너리 country_code의 key와 value를 얻기 위한 반복문을 보인 것이다. 밑줄친 부분에 적합한 함수를 작성하시오

```
for k, v in country_code.      ():
    print (f"key = {k}, value = {v}")
```

문제풀이   – items() : key와 value를 모두 출력한다.

```
for k, v in country_code.items():
    print (f"key = {k}, value = {v}")
```

– 딕셔너리가 아래와 같을 때 위 프로그램의 출력이다.
– country_code = {"US": 1, "Korea": 82, "China":86, "Japan":81}

```
key = US, value = 1
key = Korea, value = 82
key = China, value = 86
key = Japan, value = 81
```

딕셔너리 요약 및 실전 문제

딕셔너리 : 키와 값을 저장한다.
stud = {"이름":"이동선", "학년":3, "나이":22}

key와 value	설명	예
keys()	딕셔너리 아이템의 Key만 모아서 view를 생성한다.	stud = {"이름":"이동선", "학년":3, "나이":22} stud.keys() dict_keys(['이름', '학년', '나이'])
values()	딕셔너리 아이템의 value만 모아서 view를 생성한다.	stud = {"이름":"이동선", "학년":3, "나이":22} stud.values() dict_values(['이동선', 3, 22])
items()	key와 values를 모두 출력	stud = {"이름":"이동선", "학년":3, "나이":22} stud.items() dict_items([('이름', '이동선'), ('학년', 3), ('나이', 22)])
key와 value	키에 따른 밸류	stud = {"이름":"이동선", "학년":3, "나이":22} stud["이름"] => '이동선' stud["학년"] => 3 stud["나이"] => 22

in과 get()	설명	예
in	키값이 딕셔너리에 포함되어 있는지 확인한다. 포함 여부를 True/False로 확인한다.	stud = {"이름":"이동선", "학년":3, "나이":22} '이름' in stud True '학과' in stud False '이동선' in stud False
get()	딕셔너리의 특정 key에 대한 value를 가져온다.	stud = {"이름":"이동선", "학년":3, "나이":22} stud.get('이름') '이동선'

딕셔너리(추가, 삭제, 변경)		
추가	딕셔너리에 키와 값을 추가한다.	stud = {"이름":"이동선", "학년":3, "나이":22} 연산 : stud['학과'] = '문리학과' 결과 : stud={'이름': '이동선', '학년': 3, '나이': 22, '학과': '문리학과'}
del(삭제)	딕셔너리에 키와 그에 대응하는 값을 삭제한다.	stud={'이름': '이동선', '학년': 3, '나이': 22, '학과': '문리학과'} 연산 : del stud['학년'] 결과 : stud={'이름': '이동선', '나이': 22}
변경	딕셔너리 키값에 대한 밸류를 변경한다.	stud={'이름': '이동선', '나이': 22} 연산 : stud['이름'] = '이선동' 결과 : stud={'이름': '이선동', '학년': 3, '나이': 22}
clear()	딕셔너리의 모든 아이템을 삭제한다.	stud={'이름': '이동선', '나이': 22} stud.clear() stud = {}

문제

1 딕셔너리 words가 아래와 같이 정의되어 있다. 다음 문항 중 출력 결과가 None인 것은?

아래

words = {"camera":"카메라", "puppy":"강아지", "tiger":"호랑이"}

① print(words.get('호랑이'))　　② print('tiger' in words)]
③ print(words['tiger'])　　④ print(words['호랑이'])

문제풀이　　① print(words.get('호랑이')) => None
　　　　　② print('tiger' in words) => True
　　　　　③ print(words['tiger']) => 호랑이
　　　　　④ print(words['호랑이']) => KeyError: '호랑이'

2   딕셔너리 stud가 아래와 같이 정의되어 있다.
    아래의 출력과 같이 출력되는 것으로 가장 가까운 것을 고르시오.

아래	아래(출력)
stud = {"이름":"이동선", "학년":3, "나이":22}	이름 이동선 / 학년 3 / 나이 22

① for x, y in stud.items(): print(x, y)   ② for [0], [1] in stud.items(): print([0], [1])
③ stud.items()   ④ print in stud.items()

문제풀이   ② 에러 발생(SyntaxError)
          ③ dict_items([('이름','이동선'), ('학년',3), ('나이',22)]) 출력
          ④ False 출력

3   딕셔너리, words가 아래와 같이 정의되어 있다.
    아래의 출력형태와 같이 출력하기 위한 연산으로 가장 적합한 것은?

아래
words = {"camera":"카메라", "puppy":"강아지", "tiger":"호랑이"}

아래(출력 형태)
dict_(?)([('camera', '카메라'), ('puppy', '강아지'), ('tiger', '호랑이')])

① print(words.keys())   ② print(words.values())   ③ print(words.items())   ④ print(words.lists())

문제풀이   ① print(words.keys()) => dict_keys(['camera','puppy','tiger'])
          ② print(words.values()) => dict_values(['카메라','강아지','호랑이'])
          ③ print(words.items()) => dict_items([('camera','카메라'), ('puppy','강아지'), ('tiger','호랑이')])
          ④ print(words.lists()) : 에러발생(AttributeError: 'dict' object has no attribute 'lists')

4   딕셔너리, words가 아래와 같이 정의되어 있다. 다음 중 가장 적합하지 않은 것은?

아래(결과)
words = {"camera":"카메라", "puppy":"강아지", "tiger":"호랑이"}

① words['cat'] = '고양이'   ② del words['puppy']   ③ words['camera'] = '사진기'   ④ clear(words)

문제풀이   ① words['cat'] : '고양이' : 딕셔너리 words에 삽입
              words = {'camera': '카메라','puppy': '강아지','tiger': '호랑이','cat': '고양이'}
          ② del words['puppy'] : puppy 항목 삭제
              words = {'camera': '카메라','tiger': '호랑이'}
          ③ words['camera'] = '사진기' : 데이터 변경
              words = {'camera': '사진기','puppy': '강아지','tiger': '호랑이'}
          ④ clear(words) : 에러 발생 => words.clear() 이 옳은 표현

2.7 집합(set)

집합은 원소 값으로 구성된 컬렉션으로, 집합내 요소들간의 순서가 무의미하며, 요소간의 중복을 허용하지 않는다. 집합은 중괄호 { }를 사용하여 표현한다. 순서에 무관하고, 중복을 허용하지 않는 파이썬의 집합형은 집합 내용의 수정이 가능한 컨테이너(container)로 파이썬에서 제공하는 기본적인 자료구조이다. 집합은 순서에 무관하기 때문에 인덱스(index)가 없으며, 집합 요소의 추가 삭제는 집합의 요소를 직접 적용하여 수행한다. 집합은 기본적으로 합집합, 교집합, 차집합 연산을 갖는다.

집합을 만들 때는 중괄호({ })로 감싸 주고 각 요솟값은 쉼표(,)로 구분해 준다. 즉, 중괄호({ }) 안에 각 요소를, 로 분리하여 유지한다.

집합명 = {요소1, 요소2, 요소3, ...}

집합의 형태는 리스트와 유사하며, 자료뿐 아니라 정수형이나 실수형 같은 다양한 자료형을 포함할 수 있다.

```
>>> a = {}
>>> b = {1, 2, 3}
>>> c = {'Life', 'is', 'too', 'short'}
>>> d = {1, 2, 'Life', 'is'}
```

집합형은 리스트형이나 딕셔너리형과는 달리 요소로 집합을 포함할 수 없다. 집합형은 집합이나 리스트를 집합의 요소로 사용할 수 없으나 튜플형은 가능하다.

- 집합에 집합을 요소로 사용한 경우 오류발생
  ```
  >>> e = {1, 2, {'Life', 'is'}} => TypeError: unhashable type: 'set'
  ```
- 집합에 리스트를 요소로 사용한 경우 오류발생
  ```
  >>> e = {1, 2, ['Life', 'is']} => TypeError: unhashable type: 'list'
  ```
- 집합에 튜플형을 요소를 사용한 경우 가능하다.
  ```
  e = {1, 2, ('Life', 'is')}
  ```

중복을 허용하지 않는 집합의 특성상 중복을 제거하는 필터로도 유용하게 사용 가능하다. 예를 들어 리스트 odd가 아래와 같이 정의되어 있을 때

```
>>> odd = [1, 3, 5, 7, 9, 3, 5]
```

그리고 아래와 같이 리스트를 집합으로 바꾸는 연산을 하면

```
>>> set_odd = set(odd)
```

set_odd의 값은 중복된 요소 3, 5가 제거된 집합 {1, 3, 5, 7, 9}가 된다.

집합의 기본적인 연산은 합집합(union), 교집합(intersection), 차집합(Difference) 그리고 대칭차집합(symmetric_difference)이 있다. 대칭차집합은 배타적 합집합(XOR) 연산자와 같은 특성을 가진다. 따라서 대칭차집합은 두 집합간 겹치지 않은 요소를 구할 때 사용한다.

- 집합 set1, set2, set3가 아래와 같이 정의되어 있다.

```
>>> set1 = {'a', 'b', 'c', 'd'}
>>> set2 = {'b', 'c', 'd', 'e'}
>>> set3 = {'c', 'd', 'e', 'f'}
```

- 합집합(| 또는 union) 연산

```
>>> set1 | set2 | set3
{'a', 'e', 'f', 'b', 'd', 'c'}
>>> set1.union(set2, set3)
{'a', 'e', 'f', 'b', 'd', 'c'}
```

- 교집합(& 또는 intersection) 연산

```
>>> set1 & set2 & set3
{'d', 'c'}
>>> set1.intersection(set2, set3)
{'d', 'c'}
```

- 차집합(– 또는 difference) 연산

```
>>> set1 - set2 - set3
{'a'}
>>> set1.difference(set2, set3)
{'a'}
```

- 대칭차집합(^ 또는 spmmetric_difference) 연산

```
>>> set1 ^ set2
{'a', 'e'}
>>> set1.symmetric_difference(set2)
{'a', 'e'}
```

```
>>> set1 ^ set2 ^ set3
{'a', 'f', 'd', 'c'}
```

이 결과는 set1 ^ set2의 결과 {'a', 'e'}와 set3 {'c', 'd', 'e', 'f'}를 대칭 차집합을 수행한 결과다. 그런데 아래와 같이 symmetric_difference() 명령은 오류가 발생할 수 있다.

```
>>> set1.symmetric_difference(set2, set3)
TypeError: symmetric_difference() takes exactly one argument (2 given)
```

위의 수행은 보는 바와 같이 에러가 발생한다. 즉, symmetric_difference() 연산은 한 개만의 매개변수가 필요한 것으로 매개변수 2개라서 오류가 발생한 것이다. 사용상 주의가 요구된다.

대칭차집합의 올바른 사용은 아래와 같다.
```
>>> set1.symmetric_difference(set2).symmetric_difference(set3)
```

집합형은 합집합, 교집합, 차집합 그리고 대칭차집합 연산과 할당연산자(=)를 혼합한 연산이 가능하다.

집합 set1, set2가 다음과 같이 정의되어 있다.

```
>>> set1 = {'a', 'b', 'c', 'd'}
>>> set2 = {'b', 'c', 'd', 'e'}
```

• 합집합과 할당(|= 또는 update()) 연산을 수행하면 다음과 같다.

```
>>> set1 |= set2
>>> set1
{'a', 'e', 'b', 'd', 'c'}
```

set1의 값이 {'a', 'e', 'b', 'd', 'c'}이고, set2는 변함이 없다.

```
>>> set1 = {'a', 'b', 'c', 'd'} 수행 후
>>> set1.update(set2)
>>> set1
{'a', 'e', 'b', 'd', 'c'}
```

set1의 값이 {'a', 'e', 'b', 'd', 'c'}이고, set2는 변함이 없다.

• >>> set1 = {'a', 'b', 'c', 'd'}을 수행하고 교집합과 할당(&= 또는 intersection_update) 연산을 수행한 경과는 다음과 같다.

```
>>> set1 &= set2
>>> set1
{'d', 'b', 'c'}
```

set1의 값이 {'d', 'b', 'c'}이고, set2는 변함이 없다.

```
>>> set1 = {'a', 'b', 'c', 'd'} 수행후
>>> set1.intersection_update(set2)
>>> set1
{'d', 'b', 'c'}
```

set1의 값이 {'d', 'b', 'c'}이고, set2는 변함이 없다.

• >>> set1 = {'a', 'b', 'c', 'd'}을 수행하고 차집합과 할당(-=) 연산을 수행한 경과는 다음과 같다.

```
>>> set1 -= set2
>>> set1
{'a'}
```

set1의 값이 {'a'}이고, set2는 변함이 없다.

```
>>> set1 = {'a', 'b', 'c', 'd'} 수행후
>>> set1.difference_update(set2)
>>> set1
{'a'}
```
set1의 값이 {'a'}이고, set2는 변함이 없다.

- >>> set1 = {'a', 'b', 'c', 'd'}을 수행하고 차집합과 할당(^=) 연산을 수행한 경과는 다음과 같다.

```
>>> set1 ^= set2
>>> set1
{'a', 'e'}
```
set1의 값이 {'a', 'e'}이고, set2는 변함이 없다.

```
>>> set1 = {'a', 'b', 'c', 'd'} 수행후
>>> set1.symmetric_difference_update(set2)
>>> set1
{'a', 'e'}
```
set1의 값이 {'a', 'e'}이고, set2는 변함이 없다.

집합은 두 집합이 같은지 같지 않은지를 판단할 수 있으며, 집합의 원소가 겹치는 관계를 판단
할 수 있다. 또한 부분집합, 진부분집합, 상위집합(초집합), 진상위집합(진초집합) 인지를 판단
할 수 있다.

- 두 집합이 같은지 같지 않은지의 판단은 '=='또는 '!='로 판단한다.

집합 set1, set2가 아래와 같이 정의되어 있다.
```
>>> set1 = {'a', 'b', 'c', 'd'}
>>> set2 = {'b', 'c', 'd', 'e'}

>>> set1 == set2
False
>>> set1 != set2
True
```

```
>>> set1 == {'a', 'b', 'c', 'd'}
True
```

• 두 집합이 겹치는 요소가 있는지 판단하기 위해 isdisjoint() 메소드를 사용할 수 있다.
집합 set1, set2가 아래와 같이 정의되어 있다.

```
>>> set1 = {'a', 'b', 'c', 'd'}
>>> set2 = {'b', 'c', 'd', 'e'}
```

```
>>> set1.isdisjoint(set2)
False
```
겹치는 부분이 있기 때문에 False가 출력된다.

등호과 부등호 그리고 issubset과 issuperset을 이용해 부분집합, 진부분집합, 상위집합, 진상위 집합인지를 판단할 수 있다.

부분집합은 다른 집합에 포함되는 집합이다. 즉, set1과 set2가 set1 ⊑ set2의 관계가 있을 때 set1은 set2의 부분집합이다. set2가 set1을 포함한다. 진부분집합은 부분집합이면서 두 집합 이 같지 않은 집합을 말한다. 즉, set1 ⊑ set2인 관계를 가질때 set1은 set2의 진부분집합이다.

• 부분집합과 진부분집합

집합 set1, set2, set3가 아래와 같이 정의되어 있다.

```
>>> set1 = {'a', 'b', 'c'}
>>> set2 = {'a', 'b', 'c'}
>>> set3 = {'a', 'b', 'c', 'd'}
```

```
>>> set1 <= set2
True
>>> set1 <= set3
True
>>> set1.issubset(set2)
True
```
set1은 set2와 set3의 부분집합이다.

```
>>> set1 < set2
False
>>> set1 < set3
True
```
set1은 set2의 부분집합이지만 진부분집합은 아니다. 그러나 set1은 set3의 진부분집합이다.

상위집합(초집합)은 다른 집합을 포함하는 집합을 말한다. 즉, set1과 set2가 set1 ⊆ set2의 관계가 있을 때 set2은 set1의 상위집합이다. 진상위집합은 상위집합이면서 두 집합이 같지 않은 집합을 말한다. 즉, set1 ⊋ set2인 관계를 가질때 set2은 set1의 진상위집합이다.

- 상위집합과 진상위집합

    집합 set1, set2, set3가 아래와 같이 정의되어 있다.
    ```
    >>> set1 = {'a', 'b', 'c'}
    >>> set2 = {'a', 'b', 'c'}
    >>> set3 = {'a', 'b', 'c', 'd'}

    >>> set2 >= set1
    True
    >>> set3 >= set1
    True
    >>> set2.issuperset(set1)
    True
    ```
    set2은 set3은 set1의 상위집합이다.

    ```
    >>> set2 > set1
    False
    >>> set3 > set1
    True
    ```
    set2은 set1의 상위집합이지만 진상위집합은 아니다. 그러나 set3은 set1의 진상위집합이다.

딕셔너리 요약 및 실전 문제

set type(집합형) : 원소 값의 집합, 순서가 없다. 중복을 허용하지 않는다. (연산자:합집합(&), 교집합(|), 차집합(-))

집합의 생성	
빈 집합의 생성	a = set()
	a = {}
집합의 생성	a={2, 3, 4}
	b={1, 2}

집합의 연산		
연산	설명	예
a|b	합집합	연산 전 : a={2, 3, 4}, b={1, 2}
		연산 : a|b => {1, 2, 3, 4}
		연산 후 : a={2, 3, 4}, b={1, 2}
a&b	교집합	연산 전 : a={2, 3, 4}, b={1, 2}
		연산 : a&b => {2}
		연산 후 : a={2, 3, 4}, b={1, 2}
a-b	차집합	연산 전 : a={2, 3, 4}, b={1, 2}
		연산 : a-b => {3, 4}
		연산 후 : a={2, 3, 4}, b={1, 2}
a^b	대칭차집합	연산 전 : a={2, 3, 4}, b={1, 2}
		연산 : a^b => {1, 3, 4}
		연산 후 : a={2, 3, 4}, b={1, 2}

집합의 연산(합집합, 교집합, 차집합, 대칭차집합)		
연산	설명	예
set.union (set1, set2, ..)	합집합(OR), 주어진 집합을 모두 합하여 새로운 집합을 생성한다.	a={2, 3, 4}, b={1, 2} a.union(b) 또는 a|b 연산 결과 : {1, 2, 3, 4}
set.intersection (set1, set2, ...)	교집합(AND), 각 집합의 공통되는 요소를 모아 새로운 집합을 생성한다.	a={2, 3, 4}, b={1, 2} a.intersection(b) 또는 a&b 연산 결과 : {2}
set.difference (set1, set2, ...)	차집합, 각 집합의 차집합으로 새로운 집합을 생성한다.	a={2, 3, 4}, b={1, 2} a.difference(b) 또는 a-b 연산 결과 : {3, 4}
set.symmetric_ difference(set1)	대칭 차집합(배타적 논리합), 대칭 차집합(합집합–교집합)으로 새로운 집합을 생성한다.	a={2, 3, 4}, b={1, 2} a.symmetric_difference(b) 또는 a^b 연산 결과 : {1, 3, 4}

집합이 같은지 겹치는지 판단		
연산	설명	예
==	두 집합이 같은지 판단 같으면 참	a={2, 3, 4}, b={2, 3, 4} a==b => True
!=	두 집합이 다른지 판단 다르면 참	a={2, 3, 4}, b={2, 3, 4} a==b => False
isdisjoint()	겹치는 요소가 있는지 판단 겹치는 요소가 있으면 참	a={2, 3, 4}, b={4, 5, 6} a.isdisjoint(b) => False

부분집합, 진부분집합		
연산	설명	예
<=	상위집합 판단 상위집합이면 참	a={2, 3, 4}, b={2, 3, 4}, c={4, 5, 6} a>=b => True #a는 b의 상위집합 a>=c => False #a는 c의 상위집합이 아니다.
issubset()		a={2, 3, 4, 5}, b={2, 3, 4} a.issuperset(b) => True
<	진상위집합 판단 진상위집합이면 참	a={2, 3, 4, 5}, b={2, 3, 4}, c={2, 3, 4} b > c => False a > b => True

상위집합, 진상위집합		
연산	설명	예
>=	상위집합 판단 상위집합이면 참	a={2, 3, 4}, b={2, 3, 4}, c={4, 5, 6} a>=b => True #a는 b의 상위집합 a>=c => False #a는 c의 상위집합이 아니다.
issuperset()		a={2, 3, 4, 5}, b={2, 3, 4} a.issuperset(b) => True
>	진상위집합 판단 진상위집합이면 참	a={2, 3, 4, 5}, b={2, 3, 4}, c={2, 3, 4} b > c => False a > b => True

집합의 연산과 할당		
연산	설명	예
|=	합집합과 할당	연산 전 : a={2, 3, 4}, b={1, 2} 연산 : a |= b 연산 후 : a={1, 2, 3, 4}, b={1, 2}
&=	교집합과 할당	연산 전 : a={2, 3, 4}, b={1, 2} 연산 : a &= b 연산 후 : a={2}, b={1, 2}
-=	차집합과 할당	연산 전 : a={2, 3, 4}, b={1, 2} 연산 : a -= b 연산 후 : a={3, 4}, b={1, 2}
^=	대칭 차집합과 할당	연산 전 : a={2, 3, 4}, b={1, 2} 연산 : a ^= b 연산 후 : a={1, 3, 4}, b={1, 2}

집합의 업데이트		
연산	설명	예
set.update (집합1, 집합2, ...)	합집합으로 set을 변경한다. (|=)	연산 전 : a={2, 3, 4}, b={1, 2} 연산 : a.update(b) 연산 후 : a={1, 2, 3, 4}, b={1, 2}
set.ntersection_ update (집합1, 집합2, ...)	교집합으로 set을 변경한다. (&=)	연산 전 : a={2, 3, 4}, b={1, 2} a.intersection_update(b) 연산 후 : a={2}, b={1. 2}
set.difference_ update (집합1, 집합2, ...)	차집합으로 set을 변경한다. (-=)	연산 전 : a={2, 3, 4}, b={1, 2} 연산 : a.difference_update(b) 연산 후 : a={3, 4}, b={1. 2}
set.symmetric_ difference_update (집합1)	대칭차집합(배타적 논리합)으로 set을 변경한다. (^=) *매개변수는 오직 한개	연산 전 : a={2, 3, 4}, b={1, 2} 연산 : a.symmetric_difference_ update (b) 연산 후 : a={1, 3, 4}, b={1, 2}
set.add(요소)	집합에 새로운 요소를 추가한다. 추가할 요소가 이미 존재하면 무시 한다. (오류가 발생하지 않는다)	연산 전 : a={2, 3, 4, 5} 연산 : a.add(6) 연산 후 : a={2, 3, 4, 5, 6}
set.discard(요소)	집합의 요소를 삭제한다. 삭제할 요소가 존재하지 않으면 무시한다. (오류가 발생하지 않는다)	연산 전 : a={2, 3, 4, 5} 연산 : a.discard(5) 연산 후 : a={2, 3, 4}
set.remove(요소)	집합의 요소를 삭제한다. 삭제할 요소가 존재하지 않으면 오류가 발생한다.	연산 전 : a={2, 3, 4, 5} 연산 : a.remove(3) 연산 후 : a={2, 4, 5}
set.pop()	집합의 맨 앞 요소를 삭제한다. (참고 : 리스트 – 마지막 요소 삭제)	연산 전 : a={2, 3, 4, 5} 연산 : a.pop() 연산 후 : a={3, 4, 5}
set.clear()	집합내의 요소를 모두 삭제한다. 집합을 출력하면 set()이 출력된다.	연산 전 : a={2, 3, 4, 5} 연산 : a.clear() 연산 후 : set()
len(집합)	집합의 길이를 반환한다.	연산 전 : a={2, 3, 4, 5} 연산 : len(a) => 4

집합의 판단		
set.isdisjoint (집합1)	집합과 집합1의 교집합이 존재하는 지 판단하고 알려준다. 교집합이 없으면 => True 교집합이 있으면 => False	a={2, 3, 4}, b={1, 2} a.isdisjoint(b) False
set.issubset (집합1)	집합이 집합1의 부분집합인지 판단하고 알려준다.	a={2, 3, 4}, b={2, 3} b.issubset(a) True
set.issuperset (집합1)	집합이 집합1의 확대집합인지 판단하고 알려준다.	a={2, 3, 4}, b={2, 3} a.issuperset(b) True

문제

1 집합 a, b, c가 아래와 같이 정의되어 있을 때, 다음 연산 후 결과값으로 가장 적합하지 않은 것은?

아래		
a = {'note', 'pen', 'book'}	b = {'pen', 'book', 'desk'}	c = {'book', 'desk', 'chair'}

① a|b&c => {'desk', 'book'} ② (a-b) == (a-c-b) => True

③ a&b|c => {'chair', 'desk', 'pen', 'book'} ④ a^b^c => {'chair', 'book', 'note'}

문제풀이　① a|b&c의 결과는 a|(b&c) 결과와 같다. => {'desk','pen','book','note'}
　　　　　　'&' 연산자의 우선 순위가 '|' 연산자 우선순위보다 높다.
　　　　② a-b => {'note'},　(a-c-b) => {'note'}
　　　　③ a&b => {'pen','book'}, {'pen','book'} | c => {'chair','desk','pen','book'}
　　　　④ a^b => {'desk','note'}, {'desk','note'}^c => {'chair','book','note'}

2 집합 a와 b가 아래와 같이 정의되어 있을 때, 다음 연산 후 결과값으로 가장 적합하지 않은 것은?

아래	
a = {'note', 'pen', 'book'}	b = {'note', 'pen', 'book'}

① a==b => True　② a!=b => False　③ a is b => True　④ a.isdisjoint(b) => False

문제풀이　－ a is b　=> False 의 결과가 나온다.
　　　　　－ a, b가 집합일 때 a is b 는 항상 False가 나온다. 따라서, 집합의 경우 is는 사용하지 않는 것이 좋다.

3 집합 a가 아래와 같이 정의되어 있다. 다음 제시된 연산 후 조건과 같은 명령을 수행했을 때 출력값이 아래와 같이 나타나도록 하는 것으로 가장 적합한 것은?

아래	조건(명령)	아래(출력 값)
a = {'notebook', 'pen', 'book'}	print(a)	set()

① a.clear()　② a.pop()　③ a.remove()　④ a.discard()

문제풀이　② 에러 발생(SyntaxError)
　　　　③ dict_items([('이름','이동선'), ('학년',3), ('나이',22)]) 출력
　　　　④ False 출력

4 집합 a가 아래와 같이 정의되어 있을 때, 다음 연산 후 집합 a의 값으로 가장 적합하지 않은 것은?

아래
a = {'notebook', 'pen', 'book'}

① a.add('desk') => a={'pen', 'book', 'notebook', 'desk'}

② a.discard('pen') => a={'book', 'notebook'}

③ a.remove('notebook') => a={'pen', 'book'}

④ a.diff('pen') => a={'notebook', 'book'}

문제풀이   a.diff('pen') => AttributeError: 'set' object has no attribute 'diff'

5 집합 a가 아래와 같을 때, 아래 조건과 같이 shell연산을 수행했을 때 출력으로 옳은 것은?

아래	조건(연산)
>>> a={2, 3, 5}	>>> print(a.clear())

① set()   ② { }   ③ {}   ④ none

문제풀이   set.clear()메소드는 집합내의 모든 원소를 삭제한다. print(a.clear()) => none가 출력된다.

6 집합 b. c가 아래와 같이 주어졌을 때 다음 연산에 대한 결과값으로 잘못된 것은?

아래
b = {1, 3, 5}
c = {2, 3, 5}

① b.add(6) => b={1, 3, 5, 6}   ② c.add(5) => c={2, 3, 5, 5}

③ b.union(c) => {1, 2, 3, 5}   ④ b.intersection(c) => {3, 5}

문제풀이   c.add(5) => c={2, 3, 5} 집합은 원소의 중복을 허용하지 않는다.

문제

7 집합 a가 아래와 같이 주어져 있을 때 다음의 연산과 결과가 잘못된 것은?

아래

a={1, 2, 3, 4, 5}

① a.discard(3) => a={1, 2, 4, 5}　② a.remove(3) => a={1, 2, 4, 5}
③ a.add(5) => a={1, 2, 3, 4, 5}　④ a.pop() => a={1, 2, 3, 4, 5}

문제풀이　집합의 pop() 메소드는 집합 첫 번째 원소를 제거한다. 따라서 a.pop()는 a={2, 3, 4, 5} 이다.
　　　　참고 : 리스트에서의 pop() 메소드는 마지막 원소를 삭제한다.

8 집합 a, b, c가 아래와 같이 주어졌을 때 다음 연산에 대한 결과값으로 잘못된 것은?

아래

a = {1, 2, 3, 4, 5}
b = {1, 3, 5}
c = {2, 3, 5}

① a.union(b, c) => {1, 2, 3, 4, 5}　② a.intersection(b, c) => {3, 5}
③ a.difference(b, c) => {4}　④ a.symmetric_difference(b, c) => {4}

문제풀이　a.symmetric_difference()는 ()안의 argument가 하나 이어야한다.

9 집합 a, b, c가 아래와 같이 주어졌을 때,
아래 조건 수행 후 집합 a, b, c 값으로 알맞게 짝지어진 것은 무엇인가?

아래

a = {1, 2, 3, 4, 5}　　　　　b = {1, 3, 5}　　　　　c = {2, 3, 5}

아래(조건)

a.difference_update(b, c)

① a={1, 2, 3, 4, 5}, b={1, 3, 5}, c= {2, 3, 5}
② a={4}, b={1, 3, 5}, c= {2, 3, 5}
③ a={1, 2, 3, 4, 5}, b={1}, c= {2, 3, 5}
④ a={1, 2, 3, 4, 5}, b={1, 3, 5}, c= {2}

문제풀이　a.difference_update(b, c)는 a 집합에서 (b | c)를 뺀 결과가 a 집합에 할당된다. 집합 b와 c는 변화가 없다.

2.8 입력과 출력

>>>에 input()을 입력한 뒤 엔터 키를 누르면 다음 줄로 넘어갑니다. 이 상태에서 Hello, world! 를 입력한 뒤 엔터 키를 누르세요.

```
>>> input()
Hello, world! (입력)
'Hello, world!'
```

이제 input 함수의 결과를 변수에 할당해보겠습니다.

```
변수 = input()
```

다음과 같이 input 함수의 결과를 변수 x에 할당합니다. 그리고 그다음 줄에서 Hello, world!를 입력한 뒤 엔터 키를 누르세요.

```
>>> x = input()
Hello, world! (입력)
>>>
```

변수 x에 입력한 문자열이 저장된다. x의 값을 출력해보면 방금 입력한 'Hello, world!'가 출력된다.

```
>>> x
'Hello, world!'

변수 = input('문자열')
>>> x = input('문자열을 입력하세요: ')
문자열을 입력하세요: Hello, world! (입력)
>>> x
'Hello, world!'
```

실행을 해보면 '문자열을 입력하세요: '처럼 안내 문구가 먼저 출력된다.

컴퓨터 화면에 결과를 출력할 때 print() 함수를 사용한다. print() 함수 사용법은 4가지 방법을 제공한다.

❶ print() 함수의 기본 사용

```
>>> a = 10
>>> print(a)
10
>>> b = 20
>>> print(a + b)
30
>>> print(a + 10, b + 10)
```

❷ 파라미터 sep을 사용

```
>>> hp1 = '010'
>>> hp2 = '1234'
>>> hp3 = '5678'
>>> print(hp1, hp2, hp3, sep='-')
010-1234-5678
```

❸ 문자열 연결 연산자 +를 사용

```
>>> name = input('이름을 입력하세요: ')
이름을 입력하세요: 홍소영
>>> age = input('나이를 입력하세요: ')
나이를 입력하세요: 23
>>> print(name + '님의 나이는 ' + age + '세 입니다!')
홍소영님의 나이는 23세 입니다!
```

❹ 문자열 포맷 코드 %를 사용

```
>>> a = 77
>>> b = '자전거'
>>> c = 3.3737737
>>> d = 90
>>> print('%d, %s, %.2f, %d%%, %6s, %5d' % (a, b, c, d, b, a))
77, 자전거, 3.37, 90%, 자전거, 77
```

문제

1 문자열의 위치 2에서 5까지의 문자를 출력한다.
```
b = "Hello, World!"
print(b[2:5])}
```
문제풀이   문자열 b의 인텍스 2에서 4까지의 3개의 문자를 얻음

2 함수 len()을 사용하여 문자열의 길이를 출력하도록 ( ) 내용을 채우시오.
```
x = "Hello World"
print(          )
```
문제풀이   len() 함수를 사용하여 x의 길이를 얻는다.

3 함수 split를 사용하여 문자열을 "," 로 분리한 후 리스트를 출력한다.
```
a = "Hello, World!"
print(a.split(",")) # returns ['Hello', ' World!']
```
문제풀이   split()을 사용하여 문자열을 리스트로 구성한다.

2.9 자료형 변환

파이썬의 자료 처리과정에서는 숫자형 자료와 문자열의 변환이 수행된다. 일예로 36은 정수형 숫자로서 십진수 36이 이진수로 표현되어 100100와 같은 값을 갖는다. 한편 문자열 '36' 은 '3' 의 이진코드 00110011 과 '6' 의 이진코드 00110110이 연결된 값인 0011001100110110와 같은 값을 갖는다.

★ 컴퓨터에서 36과 '36'은 전혀 다른 값임

파이썬은 데이터형 변환에 사용되는 함수를 제공한다.

• int() 함수 : 실수 Floating point나 문자열 String을 정수형 숫자로 변환
• float() 함수 : 정수나 문자열을 실수로 변환
• str() 함수 str()은 정수형이나 실수형 숫자를 문자열로 변환

문제

1 **다음에 나타난 파이썬 쉘 명령의 실행 결과는?**
```
>>> a = input('첫 번째 정수를 입력하세요: ')
첫 번째 정수를 입력하세요: 22
>>> b = input('두 번째 정수를 입력하세요: ')
두 번째 정수를 입력하세요: 33
>>> c = a + b
>>> print(c)
```
① 3322   ② 55   ③ 22 33   ④ 2233

2 다음에 나타난 파이썬 쉘 명령의 실행 결과는?

>>> a = input('첫 번째 정수를 입력하세요: ')
첫 번째 정수를 입력하세요: 55
>>> b = input('두 번째 정수를 입력하세요: ')
두 번째 정수를 입력하세요: 60
>>> c = int(a) + int(b)
>>> print(c)
① 오류가 발생한다   ② 115   ③ 5560   ④ 6650

3 다음은 자료의 형변환을 위한 프로그램이다. 수행결과를 보이시오.

```
x = int(1)   # x will be 1
y = int(2.8) # y will be 2
z = int("3") # z will be 3

x = float(1)    # x will be 1.0
y = float(2.8)   # y will be 2.8
z = float("3")   # z will be 3.0
w = float("4.2") # w will be 4.2

x = str("s1") # x will be 's1'
y = str(2)    # y will be '2'
z = str(3.0)  # z will be '3.0'
```

2.10 주석문

주석문은 프로그램의 작성자, 작성한 날짜, 프로그램의 기능, 코드에 대한 주석, 즉 설명 글을 다는 데 사용되는 문장을 명시하기 위해 사용한다.

#을 사용하여 단일문장에 대해 주석 처리를 한다.
3개의 " 사용 다중 문장에 대해 주석 처리를 한다.

```
"""
This is a very simple Python program that prints "Hello". That's all it does.
"""
print("Hello")
```

PART 03 (제어문)조건문

3.1 조건문 개요

여기서는 기초 문법 이해를 위해 조건문을 중심으로 문법을 익힌다. 조건문은 특정 조건 만족 여부에 따라 프로그램 실행 순서가 결정되는 경우에 사용한다. 다음은 조건문의 구조를 보인 것으로 조건을 명시하고 조건의 참 또는 거짓에 따라 수행이 결정된다. 즉, '만약 ~하면 ~ 하다'와 같은 상황에서 사용한다. 파이썬에서는 조건에 따라 실행되는 문장을 지정하기 위해 중괄호 { }을 사용하지 않고 들여쓰기를 함으로 주의하여야 한다.

```
if condition :
    indentedStatementBlock
```

- 판단을 위한 비교 연산자는 다음과 같다.

  ==, !=, <, >, <=, >=
- 비교연산자 (==)와 대입연산자(=)는 구분하여 사용하여야 한다.

  >>> 1+1 == 2

  >>> 3-1 == 1

  >> 3 != 3 if와 else의 조건처리에 적용에 비교연산자와 대입연산자의 사용은 추가 설명한다.

3.2 조건문 문법

파이썬의 조건문을 if, elif, else를 사용하여 구성된다. if 문장에 있는 조건(condition)은 참과 거짓의 두 가지로만 구분된다. 다음은 조건문의 사용 예를 보인 것으로 사용자로 입력받은 값을 변수 weight에 저장하고 weight 값이 50보다 크면 문장을 실행하도록 한다.

```
weight = float(input( "가방의 무게가 얼마인가요? "))
if weight > 50:
print(" 가방 무게가 무겁네요.  25,000 추가 요금을 부여합니다.")
print("감사합니다. ")
```

if-else 는 조건이 참인 경우 weight 50: 보다 큰 경우와 거짓에 따라 수행문장을 제어한다.

```
weight = float(input("가방의 무게가 얼마인가요?"))
if weight > 50:
        print("가방 무게가 무겁내요.  25,000 추가 요금을 부여합니다.")
else:
        print("가방무게가 적당합니다")
        print("감사합니다.")
```

1 다음 파이썬 프로그램을 hello_world2.py 에 저장한 후 터미널에서 다음 명령어를 실행한 후 결과를 보이시오. 오류 발생시의 오류 내용을 작성하고 수정하시오.

```
x=4
if (x == 4)
{
printf ("x is equal to four\n");
printf ("Nothing more to do here.");
}
```

python hello_world2.py

문제풀이
```
x=4
if (x == 4):
    print ("x is equal to four\n");
    print ("Nothing more to do here.");
```

2 다음의 내용을 hello_world3.py 로 저장한 후 수행결과를 보이시오.
```
if 5 > 2:
    print("Five is greater than two!")
```

문제풀이   조건이 true이므로 다음이 출력된다.
Five is greater than two!

3 만약 a 가 b 보다 크면 "Hello World"를 출력하기 위해 다음의 ( )의 내용을 채우시오.

```
a = 50
b = 10
( 가 ) a ( 나 ) b ( 다 )
    print("Hello World")
```

문제풀이   if문의 조건구성을 위한 부분을 채워야한다.

4 만약 a와 b 가 같지 않으면 "Hello World"를 출력하기 위해 다음의 ( )의 내용을 채우시오.

```
a = 50
b = 10
(   ) a (   ) b (   )
   print("Hello World")
```

5 만약 a와 b가 같으면 "Yes" 그렇지 않으면 "No".를 출력하기 위해 다음의 ( )의 내용을 채우시오.

```
a = 50
b = 10

( 가 ) a ( 나 ) b ( 다 )
   print("Yes")
( 라 )
   print("No")
```

6 만약 a와 b가 같으면 "1", a가 b보다 크면 "2"를 그렇지 않으면 "3"을 출력하기 위해 다음의 ( )의 내용을 채우시오.

```
a = 50
b = 10
( 가 ) a ( 나 ) b ( 다 )
   print("1")
( 라 )
   print("2")
( 마 )
   print("3")
```

3.3 조건을 위한 연산자

3.3.1 관계 연산자

관계 연산은 보통 크기를 비교하거나 결과값에 대해 참(True)과 거짓(False)을 결정하기 위해 사용한다. 관계 연산자(relational operator)는 등호(==), 같지 않음(!=), 부등호(<, >, <=, >=) 등이 있다.

관계연산자	설명	결과 (x: 4, y:2)
x > y	x가 y보다 크면 True	True
x >= y	x가 y보다 크거나 같으면 True	True
x < y	x가 y보다 작으면 True	False
x <= y	x가 y보다 작거나 같으면 True	False
x == y	x와 y가 같으면 True	False
x != y	x와 y가 같지 않으면 True	True

문제

1 x에 4를 y에 2를 대입한 후 위의 관계연산자의 수행결과를 보이시오.

2 print 함수를 사용하여 다음 관계 수식의 값을 계산한 후 출력하시오.
1) 2는 1+1의 값 보다 크다
2) 7 // 3은 2와 같다
3) 1+2+3의 합은 6보다 작거나 같다
4) 6은 짝수이다.

점수가 80점 이상인 문장은 score >= 80과 같인 관계연산자 조건식으로 표현할 수 있다. 만약 score가 85인 경우 수식의 결과는 참(True)가 되고 70일 경우 수식의 결과는 거짓(False)가 된다.

다음은 if문의 조건에서 비교 연산자 != 이 사용된 예를 보인 것으로 a가 1이 아니면 True가 된다.

```
if a !=1:
    print("1이 아님")
```

비교연산자 (==)와 대입연산자(=)는 구분하여 사용하여야 한다.

```
>>> 1+1 == 2
>>> 3-1 == 1
>> 3 != 3
```

문제

1 x의 값이 짝수인지 판별하기 위해 프로그램을 작성한 것이다. 빈칸의 내용을 채우시오.

```
x = 10

if x % 2 == 0:
    print("{} 는 짝수이다".format(x))
```

3.3.2 참조 비교 연산자(is, is not)

참조 비교 연산자에는 같다(is)와 같지 않다(is not)이 있다. 비교 연산자의 같다(==)와 같지 않다(!=)는 값이 같은지 판별하는 연산자이다. 반면 참조 비교 연산자는 같은 메모리를 참조하는지 판별하는 연산자로서 is는 주소값을 비교한다.

```
x와 y가 같은 객체인 경우 True


a=10
b=10


print("a == b :",a==b)
print("a is b :",a is b)
```

변수 a와 b의 주소값을 비교하기 위해 파이썬의 내장함수인 id를 사용하여 두 변수의 주소를 확인할 수 있다.

```
print(id(a))
print(id(b))

>>> a=10
>>> b=10
>>> a == b
True
>>> a is b
True
>>> id (a)
1666906176
>>> id (b)
1666906176
>>>
```

다음은 리스트 lista 와 listb를 비교연산자 == 와 참조비교연산자 is를 사용하여 비교한 결과를 보인 것이다.

```
>>> lista = [1,2,3]
>>> listb = [1,2,3]

>>> lista == listb
True
>>> lista is listb
False
>>>
```

id() 함수를 사용하여 lista 와 listb가 저장되어진 위치가 서로 다른 것을 확인할 수 있다. 이를 해서 is 연산자의 값이 False가 반환된 것을 확인할 수 있다.

```
>>> id(lista)
56065640
>>> id(listb)
57051752
>>>
```

문제

1 **다음은 변수 score의 값이 90 이상이면 "합격하였습니다"를 출력하는 코드를 작성한 것이다. 빈칸의 내용을 채우시오.**

```
score = 90
if score >= 90:
    print("합격하였습니다")
```

3.3.3 논리연산자

논리연산자(logical operator)는 여러 개의 조건을 조합하여 전체적으로 참과 거짓 여부를 파악하기 위해 사용한다. if문의 조건에는 논리 연산자가 위치할 수 있으며 논리 연산자는 and, or, not이 있다.

- and는 두 값이 모두 True 인 경우 True를 반환하다. 피연산자의 하나라도 False이면 False가 반환된다.
- or는 두 값 중 하나라도 True이면 True를 반환한다. 두 값이 모두 False이면 False가 반환된다.
- not은 논리값을 피연산자가 True이면 False, False이면 True가 반환된다.

두 개 이상의 논리연산자를 조합하여 사용할 수 있다.

문제

1 다음의 파이썬 코드를 보고 출력내용을 작성하시오.
```
a=6
b=7
c=42
print(1, a==6)
print(2, a==7)
print(3, a==6 and b==7)
print(4, a==7 and b==7)
```

2 다음 코딩 중 결과 값이 다른 것은?
1) not 1 is 1.0
2) 3 == 3 and 10! = 5
3) 10 > 5 or 10 < 3
4) not 10 > 5

PART 04 (제어문)반복문

4.1 while문 기본구조

지정된 <조건식>이 참인 동안에 문장을 반복해서 <수행할 문장1>, <수행할 문장2>와 <수행할 문장3>을 수행하고 조건을 만족하지 않는 경우 반복을 종료한다.

```
while <조건>:
    <수행할 문장1>
    <수행할 문장2>
    <수행할 문장3>
```

while문을 시작하기 위해서는 <조건 초기화문장>을 사용하여 최초 조건값을 미리 지정하여야 하며, while 반복 내에서 다음 번 반복을 위하여 조건 값을 변경하여 조건을 비교하고 반복 계속 여부를 결정한다.

```
<조건 초기화문장>
while <조건식>:
    <수행 문장>
    <조건변경 문장>
```

다음은 while문을 사용하여 1에서 10까지 반복하여 값을 출력하는 프로그램을 작성한 것이다.

```
sum = 0
i = 1
n = 10
while i <= n:
    sum = sum + i
    i = i + 1

print (f"1 에서 {N} 까지 합 = {sum}")
```

변수 i의 값은 처음에 1로 지정하며, while문의 첫 번째 조건 비교에서 변수 i의 값이 10보다 작거나 같은 조건을 만족하면 <조건식>은 참이 되고 while문의 <수행 문장>은 print()을 사용하여 i값을 출력하도록 한다. <조건변경 문장>에서는 변수 i의 값에 1을 더하여 변수 i값을 갱신한다.

문제

1 1에서 10까지의 숫자 중 짝수를 출력하고 해당 짝수의 합을 구하도록 프로그램을 작성한 것이다. (가) - (다)의 내용을 채우시오.

참고코드

```
sum = 0
i = 1
n = (가)
while i <= n:
    if (나.   ) == 0:
    print (f"짝수 = {i}")
    sum = sum + i
    i = i + (다   )
print (f"1 에서 {N} 까지 짝수 합 = {sum}")
```

문제풀이   (가)에는 10을 지정하여 반복 범위 지정하고
(나)는 짝수 조건을 검사하는 수식을 지정한다.
(다)는 i값을 증가시키도록 한다.

실습

1 while문을 사용하여 1에서 1000까지 합을 구하여 출력하는 프로그램을 작성한 것이다.
(가) - (나)의 내용을 채우시오.

참고코드

```
sum = 0
i = 1
N = (가    )
while i <= N:
  sum = sum + (나   )
  i = i + 1
print (f"1 에서 {N} 까지 합 = {sum}")
```

문제풀이   (가)는 값을 구하기 위한 마지막 값을 지정한다.
(나)는 i값을 sum에 더하기 위한 값 지정이 필요하다.

2 1에서 10까지의 숫자중 홀수의 합을 계산하여 출력하는 프로그램을 작성한 것이다.
(가) - (나)의 내용을 채우시오.

참고코드

```
sum = 0
i = 1
N = 10
while i <= N:
  if i % 2 == (가 ):
    print (f"홀수 = {i}")
    (나   ) = sum + i
  i = i + 1

print (f"1 에서 {N} 까지 홀수 합 = {sum}")
```

문제풀이   (가) 는 홀수 조건을 검사하기 위해 값을 1과 나누어 나머지 값이 1인지 확인하여야 한다.
(나) 는 홀수값의 합 sum을 갱신하여야 한다.

"열 번 찍어 안 넘어가는 나무 없다"는 속담을 파이썬 프로그램으로 만든다면 다음과 같이 될 것이다.

```
treeHit = 0
while treeHit < 10:
    treeHit = treeHit + 1
    print("나무를 %d번 찍었습니다." % treeHit)
    if treeHit == 10:
        print("나무 넘어갑니다.")
```

while문 빠져나오기는 프로그램의 종료를 위해 필수적인 부분이다. while문은 조건문이 참인 동안 계속해서 while문 안의 내용을 반복적으로 수행한다. 하지만 강제로 while문을 빠져나가고 하는 경우에는 break를 사용한다.

자판기 안에 커피가 충분히 있을 때에는 동전을 넣으면 커피가 나온다. 그런데 자판기가 제대로 작동하려면 커피가 얼마나 남았는지 항상 검사해야 한다. 만약 커피가 떨어졌다면 판매를 중단하고 "판매 중지" 문구를 사용자에게 보여주어야 한다. 이렇게 판매를 강제로 멈추게 하는 것이 바로 break문이다.

```
coffee = 5
money = 300
while money:
    print("돈을 받았으니 커피를 줍니다.")
    coffee = coffee -1
    print("남은 커피은 %d개입니다." % coffee)
    if coffee == 0:
        print("커피가 떨어져  판매를 중지합니다.")
        break
```

문제

1

1에서 10까지 출력하기 위한 프로그램을 기본코드를 참고하여 빈칸을 채워 완성하시오.

조건

변수 i는 10이면 break 문장을 사용하여 반복을 종료한다.

기본코드

```
i = 1
while True:
    print(i)
    (가 빈칸 )
    if i == (나. 빈칸 ):
        break
```

문제풀이   while 반복에서는 i값 증가 및 i값 비교를 수행한다.

2

다음은 A학급 학생의 점수를 나타내는 리스트이다. 기본코드를 참고하여 리스트에서 50점 이상의 점수들의 총합과 평균을 구하도록 빈칸을 완성하시오.

조건

• 변수 total 은 50점 이상 점수의 총합을 갖는다

• 변수 average는 50점 이상 점수의 평균을 갖는다

기본코드

```
A = [20, 55, 67, 82, 45, 33, 90, 87, 100, 25]
i = (가. 빈칸)  - 1
total = 0
(나. 빈칸) = 0
while i:
   if A[i] > 50:
       total = (다. 빈칸)
       count = count + 1
   i = (라. 빈칸)
print ("50점 이상 총합 = %d 평균 = %d" % (total, (total/count)))
```

문제풀이   (가.빈칸)은 A의 자간 수를 지정하여야 하며
          (나.빈칸)은 count 초기합 지정을 수행한다. (다.빈칸)은 A의 자료값은 total에 추가한다.
          (라.빈칸)은 i값 증가를 수행한다.

3 **주어진 조건에 따라 미사일 발사를 위한 카운트 다운을 위한 프로그램을 빈칸을 채워서 완성하시오.**

조건

- 카운트 다운 시작을 위한 값은 초단위로 입력을 받는다.
- 카운트 다운 진행 상황은 분:초 형식으로 진행을 보인다.
- 카운트 다운 시간이 0이 되면 "미사일 발사"를 출력한다.

카운트다운
```python
import time

def countdown(t):
    while t:
        mins, (가. 빈칸) = divmod(t, 60)
        timer = '{:02d}:{:02d}'.format(mins, secs)
        print( (나. 빈칸), end="\n")
        time.sleep(1)
        (다. 빈칸)
    print('미사일발사')

t = input("시간을 입력하시오(초단위): ")
countdown(int(t))
```

문제풀이   divmod()는 몫과 나머지를 변화한다. 출력은 몫과 나머지를 출력하도록 한다. 이후 +의 값은 1의 값도 하도록 한다.

4.2 for문의 기본구조

for 문장은 특정 문장을 반복적으로 사용하기 위해 리스트(또는 튜플, 문자열)와 같은 반복자 (iterator)를 사용하여 반복의 조건을 결정한다. 리스트나 튜플, 문자열의 첫 번째 요소부터 마지막 요소까지 차례로 변수에 대입되어 "수행할 문장1", "수행할 문장2" 등이 수행된다.

```
for 변수 in 리스트(또는 튜플, 문자열):
    수행할 문장1
    수행할 문장2
```

문제

1 다음 중 for문으로 5번 반복하는 방법으로 올바른 것은?

① for j in range(5, 11):   ② for j in range(5, 0):

③ for j in range(20, 30, 2):   ④ for j in range(1, 10, 1):

문제풀이   for문을 반복하기 횟수는 range() 값에 의해 반복수행 횟수가 결정된다.

for j in range(20, 30, 2): 은 다음과 같이 j의 값이 변화되며 5회 반복수행된다.

```
20
22
24
26
28
```

2 다음 코딩의 마지막 출력문의 결과로 올바른 것은?

```
hap = 0
i = 0
for i in range(1, 5):
    hap = hap+i
    print("합계 %d" % hap)
```

① 6   ② 10   ③ 11   ④ 8

문제풀이   for문 수행 과정에서 1에서 i까지의 합을 구하여 출력하며, for의 마지막 i값은 4이다.

1에서 4까지의 합이 마지막 값으로 10이다.

```
합계 1
합계 3
합계 6
```

리스트는 임의의 자료형 데이터집합에 사용하며 [과] 사이에 자료를 위치하게 한다. 이러한 리스트의 자료 값을 처리하기 위해 반복문을 사용한다.

다음은 숫자형 자료인 1, 2, 3을 갖는 리스트 numbers 의 값을 반복문을 사용하여 출력한 것을 보인 것이다.

```
numbers = [1, 2, 3]
for number in numbers:
    print(number)
```

문제

1 다음 조건에 맞게 '빈 칸'에 들어갈 알맞은 내용을 적으시오.

조건

- 리스트의 모든 값의 합계 구하기
- 아래의 출력 형태를 참고하여 완성하기

결과 출력 화면

100

기본코드

```
lis = [10, 20, 30, 40]
su = 0
for j in lis:
    su += (빈칸)
print(su)
```

문제풀이　주어진 for문에서 lis의 값을 순서대로 읽어 j에 넣고 합을 구하기 위해 j를 su에 더하도록 다음과 같이 수행한다.
su += j

문제

2 다음 조건에 맞게 '빈 칸'에 들어갈 알맞은 내용을 적으시오.

조건
•1부터 입력값까지 합을 구하시오.
•아래의 입력, 출력 형태를 참고하여 완성하시오.

입력	출력
10	55

기본 제공소스

```
inp = int(input('10을 입력 하세요 :'))
hap = 0
for j in range( 빈 칸 ):
    hap += j
    print(hap)
```

문제풀이   1에서 10까지의 합이므로 range의 인자는 11을 지정해야하므로 빈 칸의 내용은 다음과 같다. 입력값은 문자열이므로
정수값으로 변환하기 위해 int() 함수를 사용하여 자료형을 변환한다.

다음은 문자열 자료인 'one', 'two', 'three'을 갖는 리스트 test_list 의 값을 반복문을 사용하여 출력한 것을 보인 것이다. ['one', 'two', 'three'] 리스트의 첫 번째 요소인 'one'이 먼저 i 변수에 대입된 후 print(i) 문장을 수행한다. 다음에 두 번째 요소 'two'가 i 변수에 대입된 후 print(i) 문장을 수행하고 리스트의 마지막 요소까지 이것을 반복한다.

```
test_list = ['one', 'two', 'three']
for i in test_list:
    print(i)
```

1 다음 조건에 맞게 '빈칸'에 들어갈 알맞은 내용을 적으시오.

• 리스트를 이용하여 학생의 명단을 출력하는 프로그램입니다.

• 아래의 입력, 출력 형태를 참고하여 완성하세요.

출력
1번:철수
2번:영희
3번:지영
4번:민희
5번:수지
기본 코드

```
student = ['철수','영희','지영','민희','수지']
for i in range(5):
    (            )
    print('{}번:{}'.format(i+1, name))
```

문제풀이   리스트 student의 색인의 값을 0부터 4까지 지정한 후 name 변수에 저장한 후 name을 출력하여야 한다.

문자열을 구성하는 자료형은 문자형이다. 다음은 문자열을 구성하는 문자를 반복문을 사용하여 처리하는 과정을 보인 것이다.

```
dog_name = "BINGO"
for char in dog_name:
    print(char)
```

다음을 실행하여 처리과정의 오류 메시지를 이해함

```
for i in 3:
    print(i)
>>> for i in 3:
 print(i)

Traceback (most recent call last):
  File "<pyshell#2>", line 1, in <module>
    for i in 3:
TypeError: 'int' object is not iterable
```

for문은 숫자 리스트를 자동으로 만들어 주는 range 함수와 함께 사용하는 경우가 많다. 다음은 range 함수의 사용을 보인 것이다.

```
>>> a = range(10)
>>> a
range(0, 10)
```

다음은 for와 range 함수를 사용하면 1부터 10까지 더하는 것을 보인 것이다.

```
s = 0
for x in range(1, 11):
    s = s + x
    print (" x:", x, "sum : ", s)
>>> print(s)
(' x:', 1, 'sum : ', 1)
(' x:', 2, 'sum : ', 3)
(' x:', 3, 'sum : ', 6)
(' x:', 4, 'sum : ', 10)
(' x:', 5, 'sum : ', 15)
(' x:', 6, 'sum : ', 21)
(' x:', 7, 'sum : ', 28)
(' x:', 8, 'sum : ', 36)
(' x:', 9, 'sum : ', 45)
(' x:', 10, 'sum : ', 55)
```

range(1, 11)은 숫자 1부터 10까지(1 이상 11 미만)의 숫자를 데이터로 갖는 객체이다. 따라서 위 예에서 i 변수에 리스트의 숫자가 1부터 10까지 하나씩 차례로 대입되면서 s = s + x 문장을 반복적으로 수행하고 s는 최종적으로 55가 된다.

문제

1 입력된 문자열을 역순으로 출력하는 프로그램을 작성하였다. 빈칸의 내용을 채우시오

```
sentence = "I love you"
reverse_sentence = ' '
for char in sentence:
    reverse_sentence = (빈칸)
print(reverse_sentence)
```

Loop	reverse_sentence[1]	reverse_sentence[2]	char
0		I	I
1	I	I	
2	I	I I	I
3	I I	ol I	o
4	ol I	vol I	v
5	vol I	evol I	e
6	evol I	evol I	
7	evol I	y evol I	y
8	y evol I	oy evol I	o
9	oy evol I	uoy evol I	u

문제풀이   문자열의 역순 출력을 위해 문자열 sentence 의 값을 순서대로 얻어 순서대로 결합한다. 빈칸의 내용은 다음과 같다.
char + reverse_sentence

break는 for와 while 문법에서 제어흐름을 벗어나기 위해 사용한다. 즉, 반복을 중단한다. break는 제어흐름을 중단하고 빠져 나오지만, continue는 제어흐름(반복)을 유지한 상태에서 코드의 실행만 건너뛰는 역할을 한다.

1 다음 코딩의 마지막 출력문의 결과로 올바른 것은?

```
a=0
b=0
for a in range(1, 50, 2):
 b += a
 if b 〉20:
    break
print("결과값은 ? ", b)
```

① 19   ② 20   ③ 25   ④ 16

문제풀이 for문의 a 값은 1에서 시작하여 2씩 증가하며, b의 값은 b에 a를 더하므로 a는 1부터 홀수를 증가하여 부분합이 구해지며 b가 20보다 크면 for 반복을 종료한다. 마지막 출력문의 결과는 다음과 같다.

결과값은 ? 25

다음은 두개의 반환 값의 처리하는 예를 보인 것으로 idx 는 리스트의 인텍스를 animal 은 리스트의 값을 갖는다.

```
animals = ['cat', 'dog', 'monkey']
for idx, animal in enumerate(animals):
    print('#%d: %s' % (idx + 1, animal))
#1: cat
#2: dog
#3: monkey
```

for문과 while문은 기본적으로 유사하며, 서로 변환이 가능하다. 하지만 두 구문의 쓰임에는 차이가 있다. for문은 일반적으로 반복 횟수를 정확하게 알고 있고, 반복 횟수가 변하지 않을 때 사용한다. 반면, while문은 반복 실행 횟수가 명확하지 않고 어떤 조건을 만족하면 프로그램을 종료하고자 할 때 사용한다.

예를 들어, 학생들의 성적을 채점하는 프로그램을 작성한다고 하자. 이미 학생이 총 몇 명인지 명확하게 알고 있으므로 for문을 사용하는 것이 좋다. 하지만 가위바위보를 한다고 가정했을 때 '이기면 종료하라'라는 조건을 주면 언제 이길지 모르므로 while문을 사용하는 것이 낫다.

```
for i in range(0.5):
    print (i)
```

```
i = 0
while i < 5:
    print(i)
    i = i + 1
```

(a) 반복 실행 횟수를 명확히 알 때

(b) 반복 실행 횟수가 명확하지 않을 때

문제

1 **아래와 같은 패턴의 별(*)을 출력하는 기본코드를 사용하여
빈칸 가)와 나)를 채워 프로그램을 작성하시오.**

출력

```
*****
****
***
**
*
```

기본코드

```
for j in (가. 빈칸 ):
    for i in (나. 빈칸 ):
        print('*', end='')
    print("")
```

문제풀이   전체 줄수 반복횟수 지정 및 별의 수를 변경하여야한다.

2 **아래와 같은 패턴의 별(*)을 출력하는 기본코드를 사용하여 빈칸을 채워 프로그램을 작성하시오.**

출력

```
*
**
***
****
*****
```

기본코드

```
for i in (가. 빈칸):
    for j in range(0, 나. 빈칸 ):
        print("*", end=' ')
    (다. 빈칸) print
```

문제풀이   전체 줄수 반복 횟수 지정 및 별의 수를 변경하여야 한다.

3 기본코드를 참고하여 while문을 사용해 1부터 100까지의 자연수 중 3의 배수의 합을 구하기 위한 코드를 빈칸을 채워 완성하시오.

조건
최종 합은 hap에서 유지한다.

결과화면
합 = 1683

기본코드

```
hap = 0
i = 1
while i <= 100:
    if (가. 빈칸):
        hap += i
    (나. 빈칸)
print ("합 = %d " % hap)
```

문제풀이   if 조건문에서는 3의 배수를 검사하기 위해 % 연산자를 사용한다. 반복의 마지막에는 i값을 1씩 증가한다.

4 다음의 조건과 기본코드를 참고하여 A학급 학생의 점수 리스트에서 50점 이상의 점수들의 총합을 구하기 위한 코드를 빈칸을 채워 완성하시오.

조건
50점 이상 학생점수의 합은 hap에서 유지한다.

결과화면
합 = 481

기본코드

```
hap = 0
A = [20, 55, 67, 82, 45, 33, 90, 87, 100, 25]
i = 0
while i < len(A):
    if A[i] >= (가. 빈칸) :
        (나. 빈칸 )
    (다. 빈칸  )
print ("합 = %d " % hap)
```

문제풀이   최종 합은 hap에서 유지하며, if 조건문에서는 50 이상 검사한다. 반복의 마지막에는 i값을 1씩 증가한다.

문제

5 십진수를 이진수로 변환하는 프로그램을 다음 기본코드를 참고하여 빈칸 가)- 다)를 작성하시오.

참고

십진수 숫자를 2로 계속 나눈 후, 그 나머지를 역순으로 취하면 이진수가 된다.

기본코드

```
decimal = 10
result = ' '
while (가. 빈 칸):
    remainder = (나. 빈 칸)
    decimal = (다. 빈 칸)
    result = str(remainder) + result
print(result)
```

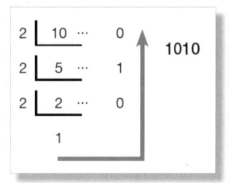

문제풀이 　(가) 는 십진수값 decimal 〉 0 인지 조건을 검사하여야 한다.

(나) 는 십진수값 decimal을 2로 나누기 위한 연산인 decimal % 2가 필요하다.

(다) 는 십진수값 decimal을 2로 나눈 후 나머지 값을 구하기 위한 연산인 decimal // 2가 필요하다.

6   총 5명의 학생이 시험을 보았는데 시험 점수가 60점이 넘으면 합격이고 그렇지 않으면
불합격을 출력하는 코드를 기본코드를 참고하여 빈칸 가)- 다)를 채워 완성하시오.

기본코드

```
marks = [90, 25, 67, 45, 80]
number = 0
for mark in (가. 빈칸 ):
    number = number +1
    if (나. 빈칸   ):
        print("%d번 학생은 합격입니다." % number)
    (다 빈칸 )
        print("%d번 학생은 불합격입니다." % number)
```

문제풀이   (가)는 학생점수를 갖는 리스트인 marks를 지정하여야 한다.
(나) 는 학생점수 mark 가 60 이상인지 검사하는 mark)= 60 이 필요하다.
(다) 는 if문의 조건이 거짓인 부분의 수행을 지정하기 위해 else: 가 필요하다.

앞서 작성된 while문을 사용한 파이썬 코드는 for와 함께 자주 사용하는 range함수를 사용하여 합격 여부를 출력할 수 있도록 작성할 수 있다.

```
marks = [90, 25, 67, 45, 80]
for number in range(len(marks)):
    if marks[number] < 60:
        continue
    print("%d번 학생 축하합니다. 합격입니다." % (number+1))
```

PART 05 함수

5.1 함수 개요

프로그래밍 과정에서 같은 내용 또는 유사한 내용을 반복해서 작성하는 경우가 있다. 함수는 반복되는 부분을 별도로 정의하여 필요할 때 사용할 수 있도록 한다. 즉, "반복적으로 사용되는 부분"을 별도의 문장 그룹으로 "특정 입력값을 주었을 때 처리 후 결과값을 반환한다".

함수는 여러 개의 문장을 하나로 묶어 주는 역할을 하며, 사용자는 프로그램에서 필요한 일을 하는 함수를 정의하거나 이미 정의된 함수를 사용할 수 있다. 프로그램에서 함수를 사용할 때 얻을 수 있는 장점을 다음과 같다.

- 프로그램 안에서 중복된 코드를 제거
- 복잡한 프로그래밍 작업을 더 간단한 작업들로 분해
- 한번 만들어 다른 프로그램에서도 재사용
- 가독성이 증대
- 유지 관리도 쉬워짐

요약

> 함수란 ?
> - 여러 개의 문장을 하나로 묶어주는 역할
> - 함수를 정의하거나 미리 정의된 함수를 사용
> - 매개변수를 이용하여 값을 전달받음

5.2 파이썬 함수 구조

파이썬 함수 구성에서 def는 함수를 만들 때 사용하는 예약어이며, 함수이름은 함수를 만드는 사람이 임의로 작성한다. 함수이름 뒤 괄호 안의 매개변수는 이 함수에 입력으로 전달되는 값을 받는 변수이다.

```
def 함수이름(매개변수):
    <수행할 문장1>
    <수행할 문장2>
```

다음의 hello는 함수 이름이며, 매개변수없이 정의된다. 즉, 함수를 호출할 때 전달되는 값이 없다.

```
def hello():
    print ("hello Python!")

hello()
```

문제

1 **다음에서 오류를 찾으시오.**

```
def hello() # hello 함수를 정의
    print ("Hello Python!")

hello()  # hello 함수를 호출
```

문제풀이   함수 선언은 def로 시작해 콜론(:) 으로 끝내고 함수의 시작과 끝은 코드의 들여쓰기로 구분함 즉, 시작과 끝을 명시해 주지 않음

문제

2 다음 조건에 맞게 '빈칸'에 들어갈 알맞은 내용을 적으시오.

조건

- 두 개의 정수를 입력 받아 곱셈을 수행하여 결과를 출력하는 프로그램이다.
- 아래의 입력, 출력 형태를 참고하여 완성하시오.

결과 출력 화면

- 입력: 3000, 2
- 출력: 6000

기본 제공 소스

```
price = 3000
num = 2
pay = 0
def price_mul():
    pay = price * num
    (빈 칸)
print('지급할 금액 :',price_mul())
```

문제풀이 함수 price_mul()의 수행 결과를 전달하기 위해서는 다음과 같이 (빈 칸)에 return 문이 포함되어야 한다.

다음 함수이름은 hello2 이고 입력으로 1개의 값을 받으며 결과값을 전달하지 않는다.

```
def hello2(name):
    print ("hello", name)

hello2("Justin")
hello2("John")
```

문제

1 다음 조건에 맞게 '빈칸'에 들어갈 알맞은 내용을 적으시오.

조건

- 이름을 입력 받아 다음과 같이 인사말을 출력하는 프로그램이다.

결과 출력 화면

- 입력: 윤희
- 출력: 안녕하세요, 윤희입니다.

기본 제공 소스

```
def greet(name):
    print("안녕하세요, " + ( 빈칸 ) + "입니다.")


greet('윤희')
```

문제풀이   함수 greet()에서는 인자의 전달받은 파라매터인 name 이 빈칸에 필요하다.

2 다음 조건에 맞게 '빈 칸'에 들어갈 알맞은 내용을 적으시오.

조건

- 두 수의 합 구하는 함수를 완성하시오
- 아래의 출력 형태를 참고하여 완성하시오

결과 출력 화면

- 출력: 30

기본 제공 소스

```
def hap(x, y):
    (빈 칸)
re = hap(10, 20)
print(re)
```

문제풀이   함수 hap()의 수행후 결과를 반환하기 위한 return 문이 빈칸에 포함되어야 한다.

함수는 입력값이 있고 반환을 위한 결과값이 있는 함수가 일반적이다. 다음은 반환을 위한 결과값을 갖는 파이썬의 함수 구조이다.

```
def 함수이름(매개변수):
    〈수행할 문장〉
    return 결과값
```

다음의 예에서 함수 이름은 add이고 입력으로 a와 b 2개의 값을 전달받으며 결과값은 2개의 전달값을 더한 값을 반환한다.

```
def add(a, b):
    return a + b
```

작성된 함수 add()의 호출은 다음과 같이 수행한다. 변수 a에 3, b에 4를 대입한 다음 앞에서 만든 add 함수에 a와 b를 입력값으로 넣어 준다. 그리고 변수 c에 add 함수의 결과값을 대입하면 print(c)로 반환값인 7을 확인할 수 있다.

```
>>> a = 3
>>> b = 4
>>> c = add(a, b)
>>> print(c)
```

문제

1 다음 조건에 맞게 '빈칸'에 들어갈 알맞은 내용을 적으시오.

조건

- 섭씨온도를 화씨온도로 값을 구하는 프로그램이다.
- 아래의 출력 형태를 참고하여 완성하시오.

출력

화씨 온도 : 50.0

```
def celsius_fahrenheit(x):
# 섭씨 32.5도를 화씨 온도로 구하기 공식 : ((9 / 5) * 섭씨온도) + 32
    result = ((9 / 5) *x) + 32

    return ( 빈칸 )


x = 10
print("화씨 온도 :", celsius_fahrenheit(x))
```

문제풀이 섭씨온도를 화씨온도로 변환하기 위한 함수 celsius_fahrenheit()는 매개변수를 통해 섭씨온도를 전달받아 변화를 수행한 후 변환된 화씨온도를 변환하도록 정의한 후 celsius_fahrenheit()를 호출하여 사용한다. 섭씨값은 호출을 위한 인자로서 사용한다. 빈칸에는 변환된 온도값을 갖는 변수인 result를 전달하기 위해 필요하다.

2 사각형의 넓이를 구하는 함수인 rectangle_area()을 보인 것이다. 함수 rectangle_area()은 넓이 계산을 위해 두 개의 값을 전달받아 결과를 전달한다. 빈칸의 내용을 채우시오.

```
def rectangle_area(x, 빈칸):
  return x * y
```

문제풀이 함수 rectangle_area()에 전달되는 값은 x 와 빈칸의 매개변수이며, 함수 몸체에서 x와 y의 값을 곱하여 반환하므로 빈칸은 y가 매개변수로 사용되어야 한다.

함수에서 return 은 함수를 종료하고 해당 함수를 호출한 곳으로 되돌아가게 한다.

5.3 파이썬 함수 사용하기

다음은 함수선언의 예시를 보인 것이다.

```
def multiply_two_numbers(x, y):
    result = x * y
    return result
```

함수이름은 multiply_two_numbers 이고 x 와 y라는 2개의 매개변수를 사용한다. 두 개의 매개변수는 수행 문장을 통해 x와 y에 저장되고 return은 x와 y의 2개의 값을 곱한 결과값인 result를 반환한다.

다음은 앞서 작성된 함수 multiply_two_numbers의 실행문의 결과를 계산한 후 반환하는 형태로 재작성한 것을 보인 것이다.

```
def multiply_two_numbers(x, y):
    return x * y
```

선언되어진 함수는 함수 호출을 통해 사용된다. 다음은 선언된 함수 multiply_two_numbers와 함수 호출을 보인 것이다.

```
1 def multiply_two_numbers(x, y):
2    return x * y
3
4 x = 10
5 y = 20
6 print ("두 값의 곱하기 결과 :",  multiply_two_numbers(x, y))
```

함수 multiply_two_numbers 의 호출 전에 라인 4와 5와 같이 변수 x에는 10을 y에는 20을 할당한다. 라인 6과 같이 두 변수 x와 y는 multiply_two_numbers(x, y)을 통해 함수의 매개변수인 x와 y에 전달되며, 함수는 매개변수 x와 y의 곱하기 결과를 반환하게 된다. 함수선언과 호출 과정에서 함수 외부의 x와 함수 내부의 x는 다른 변수이며, 함수 호출을 통해 함수 외부의 x는 인수로서 함수 multiply_two_numbers에 x 객체의 주소값이 함수 매개변수 x로 전달되게 된다.

다음은 리스트에서 자료 검색하기 위한 함수 search_list()와 함수 search_list()의 호출을 보인 것이다. 함수 search_list()는 리스트 a에서 x를 검색한 후 x가 발견되면 리스트의 위로 색인을 반환하고 발견되지 않으면 -1을 반환한다.

```python
def search_list(a, x):
    n = len(a)
    for i in range(0,n):  # 리스트 a의 모든 값을 차례로
        if x == a[i]:      # x값과 비교함
            return i
    return -1              # 끝까지 비교해도 없으면 -1을 돌려줌
v = [1, 2, 3, 4, 5, 6, 7, 8, 9]
print ( search_list(v, 4))
```

문제

1 다음 조건에 맞게 '빈칸'에 들어갈 알맞은 내용을 적으시오.

두 개의 정수를 입력 받아 곱을 구하는 프로그램입니다.

- 아래의 입력, 출력 형태를 참고하여 완성하세요.

결과 출력 화면

- 입력: 3000, 2
- 출력: 6000

```python
pay=0
def price_mul(price, num):
  pay = price * num
  빈칸
price=3000
num=2
print('지급할 금액 :',price_mul(price, num))
```

문제풀이   함수 price_mul()은 호출을 위해 인수 price와 num을 함수 price_mul()에서는 파라매터 price와 num을 통해 전달받는다.
빈칸은 price와 num의 곱을 갖는 pay를 반환한다.

2 다음 조건에 맞게 기본코드를 참고하여 '빈칸'에 들어갈 알맞은 내용을 적으시오.

조건

- 숫자값을 입력 받아 절대값을 출력하는 프로그램입니다.

기본코드

```python
def absolute_value(num):
    """This function returns the absolute
    value of the entered number"""

    if ( 빈칸 ) :
        return num
    else:
        return -num

print(absolute_value(2))
print(absolute_value(-4))
```

문제풀이   함수 absolute_value()의 전달받은 값을 갖는 num의 값의 양수 음수를 판별하기 위한 내용이 빈칸에 포함되어야 한다.

3 1에서 5까지 5개 정수를 섭씨온도값을 입력 받아 해당 값의 화씨 온도값을 구하는 프로그램이다. 주어진 출력 형태를 참고하여 빈칸을 채워 완성하시오.

출력	참고코드
1 : 33.8	def fahrenheit(빈칸):
2 : 35.6	return(T_in_celsius*9/5)+32
3 : 37.4	
4 : 39.2	for t in range(1, 6):
5 : 41.0	print(t,": ",fahrenheit(t))

문제풀이   함수 fahrenheit()의 전달받은 섭씨 값을 사용하여 화씨를 계산한 결과를 반환하므로 계산에 사용하는 T_in_celsius 가 매개변수로 사용하여야 한다.

4 while문을 사용하여 매개변수로 전달되는 값까지의 피보나치 수열을 출력하기 위한 fib() 함수를 작성한 것이다. (빈칸)를 채워서 작성하시오.

```
def fib(n):
#Print a Fibonacci series up to n
    a, b = 0, 1
    while a < n:
      print(a, end=' ')
      (            )
      print()


fib(2000)
0 1 1 2 3 5 8 13 21 34 55 89 144 233 377 610 987 1597
```

문제풀이   피보나치 수열을 얻기 위한 함수 fib()는 함수 호출을 통해 전달된 n을 사용하여 새로운 피보나치 수열을 a + b 구하여 b에 저장하고 b를 a 에 저장을 반복한다. while 반복은 새로운 피보나치 값을 갖는 a가 n 보다 적은 동안 반복한다.

5.4	재귀함수 사용하기

재귀함수(recursive function)는 함수 내부에서 함수자신을 호출하는 구조를 갖는다. 재귀호출은 문제해결 과정에서 자신과 똑같지만 크기가 다른 문제를 발견하고 이들의 관계를 파악함으로써 문제 해결에 간명하게 접근하는 방식으로 수학의 점화식(recurrence relation)과 같은 형태를 갖는다. 점화식은 어떤함수를 자신과 똑같은 함수를 이용해서 나타내는 것이다. 재귀호출을 사용하려면 반드시 다음과 같이 종료 조건을 만들어주어야 하며 재귀 호출과정에서 return은 함수 호출 부분에 함수의 수행 결과를 돌려줄 수 있다.

다음은 특정횟수의 "Hello Python!"을 출력하기 위해 작성된 함수 hello()를 보인 것이다. 함수 hello()의 매개변수 c 는 함수 호출횟수를 전달받기 위해 사용하며 c가 0이면 hello()를 호출하지 않는다. 즉, c가 0이 되면 종료조건을 만족하게 된다.

```python
def hello(c): # hello 함수를 정의
    if (c == 0):
        return
    else:
        print ("Hello Python!")
        hello(c-1)

hello(5)
```

재귀함수는 함수 내부에서 자신을 호출하는 구조를 갖는다. return은 어떤 종류의 객체도 돌려줄 수 있다.

```python
def fact(n):
    if n <= 1:
        return 1
    return n * fact(n-1)

print (fact(5))
```

1 **1에서 특정 양수 정수값까지의 합을 구하기 위해 기본 코드를 참고하여
재귀함수 sum()의 빈칸을 채우시오.**

기본코드

```
def sum(가. 빈칸):
    if n == 0:
        return 0
    else:
        return (나. 빈칸)
```

문제풀이　　(가. 빈칸)에는 sum() 수행에 필요한 값을 전달받는다.
　　　　　　(나. 빈칸)에는 재귀흐름이 필요하다.

2 **카운트다운을 수행하기 위해 기본코드를 사용하여 조건을 만족하도록 재귀함수를 사용하여
빈칸을 작성하시오.**

조건

- 카운트다운은 함수 countdown() 초기호출 후 전달받은 인수값에서 1까지 출력한다.
- 카운트다운은 초기호출에 사용하는 인수값은 1보다 큰 홀수를 사용한다.
- 카운트다운은 현재 매개변수의 값은 2씩 줄여가며 진행하도록 한다.

기본코드

```
def countdown(n):
    print (n)
    if n <= (가. 빈칸):
        return
    else:
        countdown(나. 빈칸)
```

문제풀이　　(가. 빈칸)에는 재귀흐름 종료조건이 작성되어야한다.
　　　　　　(나. 빈칸)에는 재귀흐름을 진행하기 위해 3의 값을 1감소하여야 한다.

팩토리얼은 1부터 n까지 양의 정수를 차례대로 곱한 값이며 !(느낌표) 기호로 표기한다. 예를 들어 5!은 5 * 4 * 3 * 2 * 1이며 결과는 120이다. 다음은 팩토리얼을 구하기 위한 함수 fact()를 보인 것이다.

```
def fact(n):
    if n <= 1:
        return 1
    return n * fact(n-1)


print (fact(5))
```

문제

1 다음 조건에 맞게 '빈 칸'에 들어갈 알맞은 내용을 적으시오.

조건

- 입력값의 팩토리얼 값을 구하세요.(예 : 5 != 5 × 4 × 3 × 2 × 1)
- 아래의 입력, 출력 형태를 참고하여 완성하세요.

결과 출력 화면

- 입력: 5
- 출력: 120

기본 제공 소스

```
def fact(x):
  if x == 1:
    return 1
  else:
(빈 칸)
inp = int(input('5를 입력'))
re = fact(inp)
print(re)
```

문제풀이   재귀함수를 사용하여 함수 fact() 안에서 자기 자신을 호출한다.

2 **10개의 피보나치 수열값을 출력하기 위한 fib() 함수를 작성한 것이다. '빈칸'에 들어갈 내용을 적으시오.**

```python
def fib(num):
    if num < 2:
        return num
    else:
        return ( 빈칸 )

for i in range(1, 10+1):
    print(fib(i), end=' ')
```

문제풀이   fib()함수의 재귀호출은 매개변수 num-1 과 num-2의 사용하여 수행한다.

5.5 함수 심화

파이썬 에서 다음과 같이 변수 a를 선언할 때, 문장이 실행되면 "alpaca"라는 문자열 객체가 생기고, 그 객체에 대하여 a라는 변수이름이 지정된다.

```
a = "alpaca"
```

즉, 변수는 특정 메모리 공간을 할당받은 컨테이너 개념이 아니라, 어떤 객체에 붙여진 이름 표이다. 파이썬은 모든 자료를 "객체"로 표현한다. 파이썬은 함수 호출시 객체주소인 객체의 참조(reference)를 전달한다. 이 과정에서 함수 안에서 넘겨받은 값이 객체의 변경여부에 따라서 달리 처리된다. 함수가 호출될 때는 mutable은 변경가능한 객체와 immutable은 변경 불가능한 객체에 따라 mutable객체일 때는 참조에 의한 호출로서 계속 동작하게 되지만, immutable객체 일 때는 값에 의한 호출과 같이 동작한다.

이러한 파이썬의 함수 인수 전달 방식을 객체 참조에 의한 호출(call by object reference) 또는 공유에 의한 호출(call by sharing)이라고 부른다. immutable object인 int, float, str, tuples 등은 함수 인자로 넘어갈 땐 값호출(call by value)로 전달되며 list, dict, set 와 같이 mutable object가 함수 인자로 넘어가면 객체 참조(object reference)가 전달되어 객체에 전달된 값을 변경할 수 있다.

다음은 함수 change()을 보인 것으로 함수 호출과 매개변수 값 전달의 결과를 보인 것이다. 라인 1에서 x는 wordlist 가 저장된 공간의 주소값을 접근할 수 있으며, 이에 따라 x를 통해 접근되어지는 내용은 mutable 객체 wordlist이다. 함수 change() 의 호출 후 라인 2에서 리스트 wordlist 의 첫 번째 원소는 변경된다. 라인 3에서 함수 change() 호출전 wordlist 는 'J', 'A', 'M' 의 값을 갖는 리스트로 구성되어 있다. 라인 5와 같이 함수 change() 호출을 통해 wordlist 의 내용중 리스트 wordlist의 첫 번째 원소의 내용을 변경된 내용이 출력된다.

```
1: def change(x):
2:    x[0] = 'H'
3: wordlist = ['J', 'A', 'M']
4: change(wordlist)
5: print(wordlist)
['H', 'A', 'M']
```

함수 change() 에서는 라인 3에서 x에 새로운 값이 할당되기 전까지 기존에 전달되어진 인수 객체의 주소값을 사용한다. 라인 3의 x는 인수로 전달된 worldlist 와는 다른 메모리 공간을 갖게 된다.

문제

1 **함수 spam 호출후 ham의 값을 출력내용을 작성하시오.**

```
def spam(eggs):
 eggs.append(1)
 eggs = [2, 3]

ham = [0]
spam(ham)

print (ham)
```

문제풀이   ham은 mutable object로서 객체값의 형태로 함수 spam이 호출된다.

함수를 호출할 때 인자를 지정해 주지 않아도 기본값이 할당되게 하는 방법으로는 함수의 매개변수에 초기값을 설정한다. 함수 호출시 매개변수없이 호출되는 경우 매개변수를 반영하여 지정하도록 한다.

```
def multiply(a=10, b=20):
    return a * b

multiply()
200
multiply(5)  # a에만 5가 할당됨
100
```

> 함수를 호출할 때 인자를 넣지 않으면 기본값으로 설정된 값을 사용하지만 인자를 전달하면 전달한 값을 사용함

변수의 사용 범위(scope rule)는 변수가 코드에서 사용되는 범위로서 지역변수와 전역변수로 나눌 수 있다.

- 지역 변수(local variable) : 함수 안에서만 사용
- 전역 변수(global variable) : 프로그램 전체에서 사용

함수의 호출 방식에 따라 x의 값은 함수 print_number()에 전달되며 이때 x는 10을 가지며, t는 20으로 값이 변경된다. 그러나 함수 호출 후 지역변수 t의 값은 정의되지 않았으므로 오류가 발생한다.

```
def print_number(t):
    print("In function : ", x)
    t = 20
    print("In function : ", t)
```

```
number()
x = 10
print_number(x)
print("In Main : ", x)
print("In Main : ", t)
```

1 최댓값을 구하기 위한 함수 find_max()를 작성한다. 입력크기가 n일 때, 즉, 숫자 n개 중에서
   최댓값을 반환한다. (가) - (다) 의 내용을 채우시오.

입력	출력
[1, 2, 3, 4, 5, 0]	5

```
def find_max(a):
    n = len(a)
    max_v = (가)
    for x in range(1, len(a)):
        if x > (나):
            max_v = x
    (다) max_v
x = [1, 2, 3, 4, 5, 0]
max_val = find_max(x)
print (max_val)
```

문제풀이   함수 find_max() 의 리스트의 첫 번째 원소를 max_val에 저장하며, for 문장 수행을 통해 새로운 최댓값을 max_val에
         갱신한다. for 문장 수행 후에는 max_val을 반환한다.

2 다음은 이진검색을 위한 함수 binarySearch()를 보인 것이다. (가)-(다)의 내용을 채우시오.

```python
def binarySearch(arr, item):
    first = 0
    last = len(arr)-1
    found = False
    while first<=last and not found:
        midpoint = (가.        )
        if arr[midpoint] == item:
            found = True
        else:
            if (나.        ):
                last = midpoint-1
            else:
                first = midpoint+1
    return (다.    )
arr = [1, 2, 3, 4, 5]
target = 2
print (binarySearch(arr, target))
```

문제풀이   함수 binarySearch()는 정렬된 자료 arr에서 target 값을 탐색하기 위한 함수이다. 자료의 중간점인 midpoint를 구하여 값의 탐색범위를 줄여가며 target과 비교하며 값을 비교한다.

## PART 06

예외처리

6.1 예외처리 개요

작성된 프로그램의 오류로 인해 비정상적인 종료와 같은 예상치 않은 결과가 발생하지 않도록 파이썬에서는 예외(exception) 처리 구문을 제공한다. 프로그램의 제어 흐름을 조정하기 위해 사용하는 이벤트를 예외라 한다. 다음은 리스트 a의 존재하지 않는 4번째 원소를 접근으로 인해 에러가 발생하는 예를 보인 것이다. 정상적인 경우 리스트 a와 같은 배열의 자료값은 0, 1, 2의 인덱스 참조만 가능하다.

```
a = [10, 20, 30]
a[3]
Traceback (most recent call last):
  File "<pyshell#1>", line 1, in <module>
    a[3]
IndexError: list index out of range
```

배열의 크기를 벗어나는 인덱스를 참조하는 것처럼 비정상적인 종료를 일으키는 경우 예외처리가 필요하다. 잘 작성된 코드도 실행 중 오류(잠재적 결함)가 발생할 수 있다.

프로그램에서 에러가 발생했을 때, 에러를 처리하는 기능으로 try...except 문을 사용할 수 있다.

• try 블록, 프로그램에서 오류를 테스트하기 위한 영역
• except 블록, 오류 발생시 예외처리를 수행되는 영역
• finally 블록, 예외처리와 관계없이 수행되는 영역

다음은 변수 x에 값이 할당되지 않은 상황에서 프로그램 오류를 처리하기 위한 try...except 문 사용을 보인 것이다.

```
try:
    print (x)
except:
print("오류 발생, x가 정의되어 있지 않음")
```

프로그램 수행과정에서 "오류 발생, x가 정의되어 있지 않음"을 출력한다. try 블럭 내의 문장에서 에러가 발생하면, except 문으로 이동하고 예외처리를 할 수 있다. try 문은 또한 finally 문을 가질 수도 있는데, finally 블럭은 try 블럭이 정상적으로 실행되든, 에러가 발생하여 except 블럭이 실행되든 상관없이 항상 마지막에 실행된다.

```
try:
  문장1
  문장2
except:
  예외처리
finally:
  마지막에 항상 수행
```

except 문은 except 뒤에 아무것도 쓰지 않았는데, 이는 어떤 오류든 발생하면 해당 except 블럭을 수행하라는 의미이다. except 뒤에 "오류타입"을 적거나 "오류타입 as 오류변수"를 적을 수가 있는데, 이는 특정한 타입의 에러가 발생했을 때만 해당 except 블럭을 실행하라는 뜻이다. 오류변수까지 지정했으면, 해당 오류변수를 except 블럭 안에서 사용할 수 있다.

```
# try 블록은 x가 정의되지 않으므로 NameError를 발생함
try:
  print(x)
except NameError:
  print("Variable x is not defined")
except:
  print("Something else went wrong")
```

입력받은 값을 변수 x에 저장한 후 x의 값으로 10을 나누었을 때 "0으로 나누었을 때 발생하는 예외"가 발생한다. x의 값이 0인 경우 ZeroDivisionError 예외가 발생하며 except 블록에서 예외처리가 이루진다. 이 과정에서 y = 10 / x 문장을 수행되지 않는다.

```
try:
    x = int(input('나눌 숫자 입력: '))
    y = 10 / x
    print(y)
except:    # 예외가 발생했을 때 실행됨
    print('0 나누기 예외가 발생')
```

문제

1 키보드에서 입력된 값을 정수 값으로 변환하여 n에 저장한다. 이때 n이 정수가 아니면 반복하여 입력받도록 하는 프로그램이다. 입력된 값이 정수이면 올바른 정수값이 입력하였음을 출력한다. 단, 유효하지 않은 정수값에 대해서 ValueError 예외를 처리하여야 한다. 빈칸의 내용을 완성하세요.

```
while True:
    try:
        n=input("정수값을 입력하시오: ")
        n=int(n)
        break
    except (  빈칸  ):
        print("유효한 정수가 아닙니다! 다시 입력하시요.")
print("올바른 정수값 {}을 입력하셨습니다. ".format(n))
```

문제풀이   유효하지 않은 값이 입력되는 경우 예외를 처리하기 위한 내용을 빈칸에 포함하여야 한다.

다음 try 블록은 임의의 오류를 생성하지 않는다. else: 에는 예외가 발생하지 않을 경우 수행할 문장을 지정한다.

```
try:
  print("Hello")
except:
  print("Something went wrong")
else:
  print("Nothing went wrong")
```

finally 블록은 try 블록에서 오류가 발생하거나 발생하지 않았거나 항상 실행된다.

```
try:
  print(x)
except:
  print("Something went wrong")
finally:
  print("The 'try except' is finished")
```

예외	내용
IndexError	리스트의 인덱스 범위를 넘어갈 때
NameError	존재하지 않는 변수를 호출할 때
ZeroDivisionError	0으로 숫자를 나눌때
ValueError	변환할 수 없는 문자나 숫자를 변환할 때
FileNotFoundError	존재하지 않는 파일을 호출할 때

예외처리과정에서 오류를 회피하고자 하는 경우 pass 문장을 사용하여 아무 작업을 수행하지 않고 다음 문장을 수행하도록 한다.

```
try:
  문장1
  문장2
except 예외이름:
  pass
```

입력받은 값을 변수 x에 저장한 후 x의 값으로 10을 나누었을 때 예외가 발생하면 pass를 사용하여 예외처리를 회피한다. 10을 0으로 나눈 경우 except 블록에 의해 예외처리가 회피된다.

```
try:
  x = int(input('나눌 숫자 입력: '))
  y = 10 / x
  print(y)
except:    # 예외가 발생했을 때 실행됨
  pass
```

발생된 Exception을 그냥 무시하기 위해서는 pass문을 사용하여야 하며, 또한 개발자가 특정 조건에서 예외를 발생시키기 위해 raise문을 사용한다. raise 뒤에 ZeroDivisionError을 지정하여 예외를 발생하도록 한다.

```
try:
  x = int(input('나눌 숫자 입력: '))
  if x == 0:
    raise ZeroDivisionError

  y = 10 / x
  print(y)
except ZeroDivisionError:    # 예외가 발생했을 때 실행됨
  print('0 나누기 예외가 발생')
```

예외를 발생시킬 때는 raise에 예외를 지정하고 except: 에서 예외처리 메시지를 지정할 수 있다. x가 0이면 예외메시지 '0으로 나누기 오류'를 예외메시지로 except 블록으로 전달한다.

```python
try:
    x = int(input('나눌 숫자 입력: '))
    if x ==  0:
        raise Exception('0으로 나누기 오류')
    y = 10 / x
    print(y)
except Exception as e:    # 예외가 발생했을 때 실행됨
    print(e)
```

6.2   예외처리 작성

함수 calc()를 보면, except가 2개 있는데, 첫번째는 IndexError가 발생했을 때만 그 블럭을 실행하며, 두번째는 일반적인 모든 Exception이 발생했을 때 해당 블럭을 실행하라는 의미이다. 즉, 먼저 IndexError 인지 검사하고, 아니면 다음 except를 계속 순차적으로 검사하게 된다. except가 여러 개인 경우는 범위가 좁은 특별한 에러타입을 앞에 쓰고 보다 일반적인 오류타입을 뒤에 쓰게 된다.

```python
def calc(values):
    sum = None
    # try...except...else
    try:
        sum = values[0] + values[1] + values[2]
    except IndexError as err:
        print('인덱스 오류')
    except Exception as err:
        print(str(err))
    else:
        print('에러없음')
    finally:
```

```
    print(sum)

# 테스트
calc([1, 2, 3, 6]) # 출력: 오류없음 6
calc([1, 2])       # 출력: 인덱스에러 None
```

else는 오류가 발생하지 않을 때 실행하게 되는 블럭이며 finally 블럭은 항상 마지막에 실행되는 코드 블럭이다. 만약 복수 Exception들이 동일한 except 블럭을 갖는다면, 아래와 같이 이들 Expception들을 하나의 except 문에 묶어서 쓸 수도 있다.

```
def calc(values):
    sum = None
    try:
        sum = values[0] + values[1] + values[2]
    except (IndexError, ValueError):
        print('오류발생')
    print(sum)
```

raise 뒤에 아무것도 없는 경우는 현재 Exception을 그대로 던지게 된다. 또한 raise 뒤에 특정한 오류타입과 오류메시지 (Optional)를 넣어 개발자가 정의한 오류를 발생시킬 수 있다. 다음 예제는 raise 뒤에 Exception 오류타입과 오류메시지를 넣어 특별한 오류메시지를 전달하고 있다.

```
# pass 를 사용한 예
try:
    check()
except FileExistsError:
    pass

# raise 를 사용한 예
if total < 0:
    raise Exception('Total Error')
```

1 **다음의 프로그램 수행 시 예상결과는 무엇인가.**

```python
def func(i):
    try:
        print(10/i)
    except ZeroDivisionError:
        print("0으로 값을 나눔")
    else:
        pass
    finally:
        print('finish \n')

func(10)
func(0)
```

문제풀이 func() 호출시 인자가 10인 경우 10를 10으로 나눈 후 출력된 값은 실수값 1.0을 출력한후 finally 수행 후 finish를 출력한다. 인가자 0인 경우 10을 0으로 나누므로 예외가 발생하여 0으로 값을 나눔을 출력한후 finally 수행후 finish를 출력한다.

2 **입력 자료가 숫자가 아닌 경우 예외를 발생시키도록 프로그램을 작성하였다.**
(빈칸) 의 내용을 채우시오.

```python
while True:
    value = input("변환할 정수 값을 입력해 주세요: ")
    for digit in value:
        if digit not in "0123456789":
            ( 빈칸 ) raiseeError("숫자를 입력하지 안았습니다.")
    print("정수값으로 변환할 숫자 : ",  int(value))
```

문제풀이 입력받은 value를 정수로 변환하기 전에 사용자가 정의한 예외를 발생하기 위해서는 raise()를 호출하여야 한다.

3 파일 bar를 읽는 과정에서 파일이 존재하지 않으면 그냥 통과하도록 하고자 한다.
(빈칸)의 내용을 채우시오.

```
try:
    f = open("bar", 'r')
except  FileNotFoundError:
    ( 빈칸 )
```

문제풀이   파일읽기를 위한 함수 open() 수행 과정에서 파일이 존재하지 않으면 FindNotFoundError 예외가 발생하며 이때 pass를
                       수행하여 다음 문장을 수행하도록 한다.

4 키보드를 통하여 학생 점수를 0점 숫자가 나올 때까지 입력받아 0점을 제외한 나머지 점수의
평균을 리턴하는 함수 (가)에서 (나)의 빈칸을 채워서 avg()를 작성하시오.

```
def avg ():
    (가  )=0;
    cnt=0;
    val=0;
    while True :
        val = int(input("점수를 입력하세요"))
        if type(val) != type(0):
            raise ValueError("숫자로 입력해 주세요")
        else:
            if val==0:
                (나   )
            sum = sum + val
            cnt = cnt + 1
    print("평균 점수는 : %d"%(sum/cnt))
    return

avg()
```

문제풀이   평균을 구하기 위해 변수 sum을 초기화하여야 하며 value가 0일때 while을 종료한다.

PART 07 클래스와 객체

7.1 객체지향 프로그래밍

파이썬은 객체지향 프로그래밍(Object Oriented Programming, OOP) 언어로서 객체를 이용하여 프로그램은 작성한다. 객체는 자동차, 주사위와 같은 우리주변의 사물을 의미한다. 객체는 속성(attribute)와 함수(function)로 구성된다.

파이썬은 객체지향 프로그래밍 언어로서 객체지향 프로그램은 프로그램의 높은 재사용의 장점을 갖는다. 객체 지향 개념을 이해하기 위해서는 과자를 만들기 위한 틀에 해당되는 클래스(class)과 과자 틀에 의해서 만들어진 과자인 객체 (object)의 관계를 이해하는 것이 필요하다. 클래스는 과자 틀과 비슷하며 클래스란 똑같은 무엇인가를 계속해서 만들어 낼 수 있는 설계 도면이고(붕어빵 틀), 객체(object)란 클래스로 만든 피조물(붕어빵 틀을 사용해 만든 붕어빵)을 뜻한다.

클래스로 만든 객체에는 중요한 특징이 있다. 바로 객체마다 고유한 성격을 가진다는 것이다. 붕어빵 틀로 만든 붕어빵에 구멍을 뚫거나 조금 베어 먹더라도 다른 붕어빵에는 아무 영향이 없는 것과 마찬가지로 동일한 클래스로 만든 객체들은 서로 전혀 영향을 주지 않는다.

- 클래스는 객체의 구조와 기능을 정의합니다.
- 객체의 클래스는 초기화를 통해 제어합니다.
- 클래스는 복잡한 문제를 다루기 쉽도록 만듭니다.

문제

1 객체를 구성하는 요소는 무엇인지 찾으시오.

① 속성   ② 코드   ③ 조건식   ④ 기능(함수)

문제풀이   객체를 구성하는 요소는 속성과 기능이다.

2 객체지향 프로그래밍에 대한 설명으로 잘못된 것을 찾으시오.

① 클래스로부터 다양한 형태의 객체가 만들어진다.

② 객체를 이용하는 프로그래밍 방법이다.

③ 클래스를 재사용하는 장점이 있다.

④ 클래스는 객체를 만드는 틀을 제공한다.

문제풀이   클래스로 부터는 같은 형태의 객체가 만들어진다.

7.2 | 클래스 정의 및 객체 사용

클래스를 만들 때는 class 클래스이름: 형식으로 시작해서 그 다음부터 그 클래스의 속성이나 함수를 정의한다.

> **• 클래스 선언**
>
> 클래스를 선언할 때는 class 키워드를 사용한다. class 키워드 다음에는 클래스 이름과 콜론(:)이 위치하며, 클래스이름은 관례적으로 첫글자를 대문자로 사용한다. 다음은 MyClass를 이름으로 갖는 클래스를 선언한 것이다.

```
class MyClass:
    pass
```

클래스 정의는 내용이 비어 있으면(empty) 안 되므로 이를 해결하기 위해 pass를 사용한다.

다음은 MyClass 클래스가 속성으로 x를 갖는 것을 보인 것이다.
```
class MyClass:
  x = 5
```

클래스 MyClass의 객체는 객체이름 = 클래스이름() 과 같이 작성하여 생성한다. 다음은 생성된 객체 p1의 속성 x의 값을 출력하기 위한 것을 보인 것이다.

```
p1 = MyClass()
print(p1.x)
```

클래스는 데이터를 표현하는 속성(attribute)과 행위(behavior)를 표현하는 함수를 포함하는 논리적인 컨테이너로서 클래스는 함수, 속성, 클래스 변수(class variable), 인스턴스 변수(instance variable), 초기자(initializer), 소멸자(destructor) 등의 구성요소를 갖는다.

__init__()는 클래스가 갖는 특별하게 약속된 메소드 가운데 하나로, 초기화(initialize) 함수라고도 한다. 클래스의 객체가 생성될 때 자동으로 호출되어서 그 객체가 갖게 될 여러 가지 속성을 정해준다. 다음은 클래스 Calculator의 선언을 보인 것으로 __init()__ 은 num1과 num2를 속성으로 갖는다.

```
class Calculator:
  def __init__(self, n1, n2):
    self.num1 = n1
    self.num2 = n2
```

다음은 객체 a가 생성하는 것을 보인 것이다. Calculator 클래스를 만든 다음에는 a라는 객체를 만든다. 같은 클래스의 객체들은 서로 영향 받지 않고 독립적으로 객체 값을 유지한다.

```
a = Calculator(2, 4)
```

정의된 클래스 Calculator를 사용하기 위해 객체를 생성하여야 한다. 클래스 Calculator의 객체 c1이 생성되는 과정에서 인수 10과 20은 n1과 n2에 전달되어 num1과 num2의 속성에 지정된다.

```
c1 = Calculator(10, 20)

print(c1.num1)
print(c1.num2)
```

문제

1 객체 c1의 속성 num2의 값이 무엇인지 찾으시오.

① 0 ② 10 ③ 20 ④ 30

(힌트) 객체 c1이 생성되는 과정에서 10은 n1에 20은 n2의 전달된다.

문제풀이   객체를 구성하는 요소는 속성과 기능이다.

__init__() 의 첫 번째 매개변수인 self는 현재 생성된 클래스의 객체를 가리키며 클래스에 함수를 정의할 때는 항상 self라는 매개변수를 사용해야 한다.

클래스 내부에 정의된 함수를 메소드(method)라고 부른다. 다음은 클래스 Calculator에 함수 setData() 추가하여 정의한 것이다. 클래스에 메소드 setdata()를 작성에서 사용되는 첫 번째 매개변수 self 는 setdata()를 호출하는 객체를 의미한다. Calculator 의 새로운 c2 객체가 생성된 후 setData()를 호출할 때 20은 n1에 10은 n2에 전달함으로써 객체의 속성 num1과 num2의 내용이 변경되게 된다.

```
class Calculator:
  def __init__(self, n1, n2):
    self.num1 = n1
    self.num2 = n2

  def setData(self, n1, n2):
    self.num1 = n1
    self.num2 = n2

c2 = Calculator(10,20)

c2.setData(20,10)
```

Calculator 클래스에 setdata 메소드를 정의해줬기 때문에 Calculator 클래스에 속한 a 객체도 setdata 메소드를 사용할 수 있다. 메소드 setdata는 클래스가 갖는 변수인 first와 second에 메소드 호출 시 전달된 값이 설정된다.

a.setData(2,4)

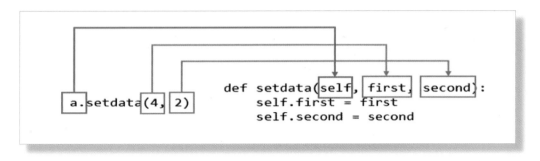

이를 확인하기 위해 메소드 호출 이후 객체 a의 first 와 second을 내용을 출력한다.

```
print(c2.num1)
print(c2.num2)
```

클래스 Calculator 에 add() 메소드 추가한 후 클래스 내용을 보인 것으로 add() 함수는 매개 변수를 갖지 않고 현재 객체가 갖는 변수 num1와 num2의 값을 더하여 결과를 반환한다.

```
class Calculator:
  def __init__(self, n1, n2):
    self.num1 = n1
    self.num2 = n2

  def setData(self, n1, n2):
    self.num1 = n1
    self.num2 = n2

  def add(self):
    return self.num1 + self.num2
```

객체 a에 4와 2를 setdata() 함수를 사용한 후 설정한 후 객체 a에 설정된 값의 합을 구하기 위해 add() 메소드 호출한다.

```
a = Calculator(0, 0)
a.setData(2,4)
print (a.add())
```

빼기 sub, 곱하기 mul 및 나누기 div 를 메소드 함수로 추가한 후 해당 메소드를 호출한다.

1 **클래스 Calculator에 빼기 sub() 함수를 추가한 후 해당 메소드를 호출한다.**

문제풀이 함수 sub()는 객체가 갖는 num1에서 num2를 빼기 연산을 수행하도록 작성한다.

2 **클래스 Calculator에 곱하기 mul() 함수를 추가한 후 해당 메소드를 호출한다.**

문제풀이 함수 mul()는 객체가 갖는 num1과 num2를 곱하기 연산을 수행하도록 작성한다.

3 **클래스 Calculator에 나누기 메소드 div를 메소드 함수로 추가한 후 해당 메소드를 호출한다.**

문제풀이 함수 div()는 객체가 갖는 num1를 num2로 나누기 연산을 수행하도록 작성한다.

객체 a의 setdata() 호출없이 add() 호출할 때 발생하는 오류를 보인 것으로 add를 위해서는 first와 second의 값이 미리 설정되어야 한다.

1 **다음은 div() 메소드 호출과정에서 발생한 오류를 보인 것이다. 원인을 찾아 이유를 설명하시오.**

```
a = Calculator(0, 0)
a.setData(10,0)
print (a.div())
```

ZeroDivisionError   Traceback (most recent call last)

```
<ipython-input-16-cf84ee07e04d> in <module>()
      1a=Calculator(0,0)
      2a.setData(10,0)
----> 3print(a.div())

<ipython-input-15-ed19d8191141> in div(self)
     12
     13   defdiv(self):
---> 14     returnself.num1/self.num2
```

ZeroDivisionError: division by zero

문제풀이   10을 0으로 나누기 연산을 수행함에 따라 예외가 발생된다.

del 키워드를 이용해서 변수와 객체의 연결을 제거할 수 있다. 다음은 del 키워드를 사용하여 변수 a에 연결된 객체를 제거하며 이후 변수 a를 사용한 속성 접근 및 함수호출은 수행할 수 없다.

del a

7.3 정적 메소드와 클래스 메소드

클래스의 메소드를 사용할 때 객체 변수를 통해서 호출한다. 파이썬에서는 클래스에서 직접 호출할 수 있는 정적 메소드와 클래스 메소드를 제공한다.

정적 메소드는 다음과 같이 메소드 위에 @staticmethod를 추가한다. 이때 정적 메소드는 매개변수에 self를 지정하지 않는다. @staticmethod처럼 앞에 @이 붙은 것을 데코레이터라고 하며 메소드(함수)에 추가 기능을 구현할 때 사용한다.

```
class클래스이름:
   @staticmethod
   def메소드(매개변수1,매개변수2):
      코드
```

다음은 작성된 클래스 Calculator를 보인 것으로 add()와 mul()는 정적 메소드로서 객체를 사용하지 않고 클래스 이름을 사용하여 호출할 수 있다.

```
class Calculator:
   @staticmethod
   def add(num1, num2):
      return num1 + num2

   @staticmethod
   def mul(num1, num2):
      return num1 * num2

result = Calculator.add(10, 20)    # 클래스에서 바로 메소드 호출
print ("add = ", result)
result = Calculator.mul(10, 20)    # 클래스에서 바로 메소드 호출
print ("mul = ", result)
```

클래스 메소드는 다음과 같이 메소드 위에 @classmethod를 추가한다. 이때 클래스 메소드는

첫 번째 매개변수에 cls를 지정해야 한다.

```
class클래스이름:
  @classmethod
  def메소드(cls,매개변수1,매개변수2):
    코드
```

다음은 클래스 Person을 생성하고 객체가 몇 개 만들어졌는지 출력하는 메소드 print_count() 생성을 보인 것이다. __init__ 메소드에서 클래스 속성 count에 1을 더한다. 클래스 속성에 접근하기 위해 Person.count와 사용한다.

```
class Person:
  count = 0   # 클래스 속성

  def __init__(self):
    Person.count += 1

  @classmethod
  def print_count(cls):
    print('{0}명 생성'.format(cls.count))

alice = Person()
bob = Person()

Person.print_count()
```

7.4 클래스와 캡슐화

클래스를 작성할 때는 내부적인 세부사항을 캡슐화하는 것이 필요하다. 클래스의 주역할은 객체의 데이터와 내부 구현 세부사항을 캡슐화하는 것이다. 그러나, 외부 세계가 객체를 조작하는 데 사용할 퍼블릭(public) 인터페이스도 클래스에 정의해야 한다. 이를 위해 프라이빗 변수와 프로퍼티(property)를 사용한다.

이름이 _로 시작하는 속성은 프라이빗(private)으로 다루어진다. _로 시작하는 이름인 _name 은 모두 내부 구현으로 간주된다.

```
class Person(object):
  def __init__(self, name):
    self._name = 0
    self.__id = '007'
```

객체 p의 속성 _name 은 프라이빗으로 다루어지지만 접근에는 문제가 없다. 한편 __id는 외부 에서 접근이 허락되지 않는다.

```
p = Person('Alice')
p._name
```

7.5 상속

클래스에서 상속이란, 물려주는 클래스(Parent Class, Super class)의 내용(속성과 메소드) 을 물려받는 클래스(Child class, sub class)가 갖는다. 다음은 person 클래스를 보인 것으로 firstname과 lastname을 속성으로 가지며 printname()을 메소드로 갖는다.

```
class Person:
  def __init__(self, fname, lname):
    self.firstname = fname
    self.lastname = lname

  def printname(self):
    print(self.firstname, self.lastname)
```

다음은 firstname을 John lastname을 Doe를 갖는 Person 객체 x를 보인 것이다.

```
x = Person("John", "Doe")
```

```
x.printname()
```

다음은 Person 클래스를 부모클래스로 갖는 자식 클래스 Student를 보인 것으로 Student 객체 x는 부모 클래스인 Person 이 갖는 메소드인 printname()을 상속받으므로 호출하여 사용할 수 있다.

```
class Student(Person):
pass
x = Student("Mike", "Olsen")
x.printname()
```

1 **다음의 조건을 만족하는 주사위를 표현하는 Die 클래스를 기초코드를 참고하여 작성하세요.**

조건
- Die 클래스는 생성자를 통해 주사위 눈의 최댓값을 입력받는다.
- Die 클래스는 roll() 메소드를 사용하여 임의의 주사위 번호를 반환한다.
- 모든 메소드는 인스턴스 메소드로 작성한다.
- 주사의 클래스의 최댓값은 6이다.
- 5번 주사위의 roll() 메소드를 호출한다.

기본코드
```
import random

class Die():
    def __init__(self, x):
        self.x = (가. 빈칸)
    def roll(self):
        return  (나. 빈칸)

d = Die(다. 빈칸)
for i in range(5):
    print (라. 빈칸)
```

문제풀이 Die 객체 d를 생성하기 위해 주사위 눈의 최댓값 6을 x의 전달 내용과 임의의 주사위의 값을 생성하도록 값을 지정하여야 한다. 주사위 객체는 roll()을 호출하여 주사위 눈을 얻는다.

## PART 08

모듈

8.1 모듈 개요

모듈(Module)은 파이썬 코드를 논리적으로 묶어서 관리하고 사용할 수 있도록 하는 것으로, 보통 하나의 파이썬 .py 파일이 하나의 모듈이 된다. 모듈 안에는 함수, 클래스, 혹은 변수들이 정의될 수 있으며, 실행 코드를 포함할 수도 있다. 즉, 모듈은 함수나, 변수, 클래스를 모아 놓은 파일이다.

파이썬은 기본적으로 상당히 많은 표준 라이브러리 모듈들을 제공하고 있으며, 공개되어진 많은 파이썬 모듈들을 제공하고 있다. 이러한 모듈들을 사용하기 위해서는 모듈을 import하여 사용하면 되는데, import 문은 다음과 같이 하나 혹은 복수의 모듈을 불러들일 수 있다. 모듈은 다른 파이썬 프로그램에서 불러와 사용할 수 있도록 만들어진 파이썬 코드 파일이다. 이미 만들어진 모듈을 작성 중인 프로그램 코드로 불러와 사용할 수 있다.

```
import 모듈1[, 모듈2[,... 모듈N]
```

다음은 표준 라이브러리 중 수학과 관련된 함수들을 모아 놓은 "math" 모듈을 import 하여 그 모듈 안에 있는 factorial() 함수를 사용하는 예이다.

```
import math
n = math.factorial(5)
```

하나의 모듈 안에는 여러 함수들이 존재할 수 있는데, 이 중 하나의 함수만을 불러 사용하기 위해서는 아래와 같이 "from 모듈명 import 함수명"이라는 표현을 사용할 수 있다. 이렇게 from...import... 방식으로 import 된 함수는 호출시 "모듈명.함수명"이 아니라 직접 "함수명"만을 사용한다.

```
# factorial 함수만 import
from math import factorial

n = factorial(5) / factorial(3)
```

하나의 모듈 안에는 있는 여러 함수를 사용하기 위해 from... import 함수1, 함수2와 같이 import 뒤에 사용할 함수를 나열할 수도 있다. 모든 함수를 불러 사용하기 위해서는 "from 모듈명 import *" 와 같이 asterisk(*)를 사용할 수 있다. 이렇게 from...import... 방식으로 import 된 함수는 호출시 모듈명 없이 직접 함수명을 사용한다.

```
# 여러 함수를 import
from math import factorial, acos
n = factorial(3) + acos(1)

# 모든 함수를 import
from math import *
n = sqrt(5) + fabs(-12.5)
```

함수의 이름이 길거나 어떤 필요에 의해 함수의 이름에 별칭을 주고 싶은 경우가 있는데, 이때는 아래와 같이 "함수명 as 별칭" 과 같은 표현을 사용할 수 있다.

```
# factorial() 함수를 f()로 사용 가능
from math import factorial as f
n = f(5) / f(3)
```

모든 numpy 모듈을 현재의 네임스페이스로 불러들이고자 한다. 이를 위해 다음과 같이 명령어를 입력한다.

```
from numpy import *
```

1 **다음 중 모듈에 포함될 수 없는 것을 찾으시오.**

① 함수   ② 클래스   ③ 변수   ④ 별칭

문제풀이   모듈 안에는 함수, 클래스, 혹은 변수들이 정의될 수 있으며, 실행 코드를 포함할 수도 있습니다.

2 **다음은 import를 사용한 문장을 보인 것이다. 모듈의 이름은 무엇인지 찾으시오.**

from math import pi

문제풀이   from 다음에 모듈 이름이 위치한다.

8.2 모듈의 위치

파이썬에서 모듈을 import 하면 그 모듈을 찾기 위해 다음과 같은 경로를 순서대로 검색한다.

- 현재 디렉토리
- 환경변수 PYTHONPATH에 지정된 경로
- Python이 설치된 경로 및 그 밑의 라이브러리 경로

이러한 경로들은 모두 취합되어 시스템 경로인 sys.path에 리스트 형태로 저장된다. 따라서, 모듈이 검색되는 검색 경로는 sys.path를 체크하면 쉽게 알 수 있다. 모듈을 import 하면 sys.path에 있는 경로 순서대로 모듈을 찾아 import하다가 만약 끝까지 찾지 못하면 에러가 발생된다.

sys.path를 사용하기 위해서는 sys라는 시스템 모듈을 import 해야 하며, sys.path는 임의로 수정할 수도 있다. 예를 들어, 기존 sys.path에 새 경로를 추가(append)하면, 추가된 경로도 이후 모듈 검색 경로에 포함된다.

아래는 sys.path를 출력해 본 예인데, sys.path[0]의 값은 빈 문자열(empty string)로 이는 현재 디렉토리를 가리킨다. 즉, 먼저 현재 디렉토리부터 찾는다는 뜻이다. 마지막 라인은 sys.path.

append()를 사용하여 새 경로를 추가하는 예를 든 것이다.

```
...
>>> import sys                    ─── 현재 검색경로를 표시함
>>> sys.path
['', 'C:\\Python35\\Lib\\idlelib', 'C:\\Python35\\python35.zip', 'C:\\Python35\\
DLLs', 'C:\\Python35\\lib', 'C:\\Python35', 'C:\\Python35\\lib\\site-packages']
>>> sys.path[0]                   ─── 첫번째는 빈 문자열로 현재 디렉토리를 가리킴
''
>>> sys.path.append('C:\\PySrc')  ─────── 새 폴더를 검색경로에 추가함
>>>
```

8.3 모듈의 작성

프로그램을 모듈로 나누어 코딩하고 관리하는 것은 종종 많은 이점이 있다. 사용자 함수 혹은 클래스를 묶어 모듈화하고, 이를 불러 사용하는 방법을 간략히 살펴보자. 우선 아래 두 개의 함수(add와 subtract)를 mylib.py 라는 모듈에 저장한다.

```
# mylib.py
def add(a, b):
    return a + b

def subtract(a, b):
    return a - b
```

모듈 mylib.py가 있는 디렉토리에서 그 모듈을 import 한 후, mylib의 함수들을 사용한다.

```
# exec.py
from mylib import *

i = add(10,20)
i = subtract(20,5)
```

파이썬 모듈 .py 파일은 import 하여 사용할 수 있을 뿐만 아니라, 해당 모듈 파일 안에 있는 스크립트 전체를 바로 실행할 수도 있다. 파이썬에서 하나의 모듈을 import 하여 사용할 때

와 스크립트 전체를 실행할 때를 동시에 지원하기 위하여 관행적으로 모듈 안에서 __name__을 검사한다. 파이썬에서 모듈을 import해서 사용할 경우 그 모듈 안의 __name__ 은 해당 모듈의 이름이 되며, 모듈을 스크립트로 실행할 경우 그 모듈 안의 __name__ 은 "_main_" 이된다. 예를 들어, run.py이라는 모듈을 import 하여 사용할 경우 __name__ 은 run.py가 되며, "python run.py"와 같이 인터프리터로 스크립트를 바로 실행할 때 __name__ 은 __main__ 이된다.

```
# run.py
import sys
def openurl(url):
    #..본문생략..
    print(url)

if __name__ == '__main__':
    openurl(sys.argv[1])
```

위와 같은 run.py 모듈을 아래와 같이 스크립트로 실행할 때 "if _name_ ..." 조건문은 참이되어 openurl(sys.argv[1]) 가 실행된다. 여기서 참고로 sys.argv는 명령어라인 인수들을 갖는 리스트로서 아래 예제에서 argv[0]은 run.py, argv[1]은 google.com이 된다.

```
$ python3 run.py google.com
google.com
```

하지만 아래와 같이 모듈을 import하여 사용할 때는 "if _name_ ..." 문이 거짓이 되어 openurl() 함수가 바로 실행되지 않고, 그 함수 정의만 import 된다. 따라서 이 경우 사용자는 명시적으로 openurl() 함수를 호출하여 사용해야 한다.

```
$ python3
>>> from run import *
>>> openurl('google.com')
```

문제

1 두 수의 값 5와 2를 더하기 위해 **add**를 호출하도록 (빈칸)에 내용을 작성하여 if문을 완성하시오.

```
$ python test_mod.py
mod
7
# mod.py
def add(a, b):
    return a + b

def sub(a, b):
    return a-b

if __name__ == ( 빈칸 ):
    print(add(1, 4))
    print(sub(4, 2))
```

문제풀이   모듈을 스크랩트로 실행하기 위해 __name__은 __mcin__ 이어야 한다.

PART 09 람다 표현식(lambda expression) 사용하기

9.1 람다 표현식 개요

람다 표현식은 이름이 없는 함수를 만들 수 있으며, 함수를 간편하게 작성할 수 있다. 임의의 숫자를 전달하여 전달받은 숫자에 10을 더해서 반환하는 함수 plus_ten는 다음과 같다. 함수 plus_ten은 return x + 10으로 매개변수 x에 10을 더한 값을 반환한다.

```
def plus_ten(x):
    return x + 10
plus_ten(1)
```

람다 표현식은 다음과 같이 lambda에 매개변수를 지정하고 :(콜론) 뒤에 반환값으로 사용할 식을 지정한다. 람다 표현식은 기존의 함수 선언 문법과 달리 함수이름을 명명하지 않고도 정의한다.

```
lambda x: x + 10
<function __main__.<lambda>(x)>
```

lambda로 만든 익명 함수를 호출하려면 다음과 같이 람다 표현식을 변수에 할당해주면 된다. 별도의 함수정의 없이 편리하게 사용할 수 있다. 다음과 같이 def 키워드를 쓰지 않아도 lambda로 만든 함수를 변수 plus_ten에 할당해 사용할 수 있다.

```
plus_ten = lambda x: x + 10
plus_ten(1)
```

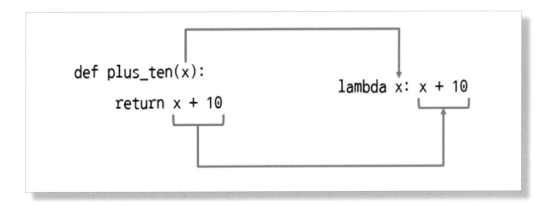

```
def plus_ten(x):
    return x + 10                    lambda x: x + 10
```

문제

1 다음은 사각형의 넓이를 구하기 위한 함수 rectangle_area()와 함수호출을 보인 것이다.
함수 rectangle_area()을 람다 표현식으로 다시 작성하시오.

```
def rectangle_area(x, y):
    return x * y

rectangle_area(10,20)
```

문제풀이 람다표현식을 사용하여 사각형의 넓이를 구하기 위해 다음과 같이 람다표현식을 작성한 후 호출하도록 작성한다. 이 과정에서
변수 rectangle_area의 이름은 변수이름 규칙에 부합되는 다른 이름을 사용할 수 있다.

```
rectangle_area = lambda x, y: x * y
rectangle_area(10,20)
```

2 함수 func()를 람다 표현식으로 작성하시오. func() 은 인수로 전달된 값을 더해 결과를 반환한다.

```
# def 함수
def func(x):
    return x+x

print(func(5))
```

문제풀이 람다 표현식으로 작성하기 위해 키워드 lambda 다음에는 매개변수를 작성하여야 한다.
이를 위해 작성된 람다표현식은 매개변수 x 하나를 받고, x에 x를 더해서 반환한다.

3 **다음은 함수 plus_ten() 와 함수 호출을 보인 것이다. 해당 내용을 람다 표현식으로 작성하시오.**

```
def plus_ten(a):
  return a + 10

print (plus_ten(5))
```

문제풀이 작성된 람다 표현식은 함수이름을 사용하지 않으며 람다 표현식의 반환값을 변수 plus_ten이 전달받아 사용하도록 작성한다. 변수이름은 변수이름 규칙을 만족하도록 지정하여야 한다.

람다 표현식은 변수에 할당하지 않고 람다 표현식 자체를 바로 호출할 수 있다. 이를 위해 다 표현식을 ()(괄호)로 묶은 뒤에 다시 ()를 붙이고 인수를 넣어서 호출한다.

```
(lambda 매개변수들: 식)(인수들)
```

다음은 인수의 값 1을 매개변수 x에 전달하여 변수 x에 10을 더한 값을 반환 결과를 출력한다.

```
plus_10 = (lambda x: x + 10)(1)
print (plus_10)
11
```

람다 표현식의 제약점은 람다 표현식 안에서는 새로운 변수를 만들 수 없다. 따라서 반환값 부분은 변수 없이 식 한 줄로 표현할 수 있어야 하며 변수가 필요한 코드일 경우에는 def로 함수를 작성하여야 한다.

```
(lambda x: y = 10; x + y)(1)
  File "<ipython-input-6-f39371b7f7d5>", line 1
    (lambda x: y = 10; x + y)(1)
            ^
SyntaxError: invalid syntax
```

그러나 람다 표현식 바깥에 있는 변수는 사용할 수 있다. 다음 람다 표현식은 매개변수 x값과 람다 표현식 바깥에 있는 변수 y값을 더해서 반환한다.

```
y = 10
(lambda x:x + y)(1)
```


9.2	map(), filter() 함수

파이썬의 람다 표현식은 간단한 함수가 필요한 map, reduce, filter 등의 함수에서 주로 사용된다. 람다 표현식을 사용하는 이유는 함수의 인수 부분에서 간단하게 함수를 구성할 수 있기 때문이다.

1) map()

내장함수 map()은 파이썬 함수와 데이터를 입력값으로 받고 각 데이터에 함수를 대응시켜 그 값을 반환하는 역할을 한다.

```
result = list(map(lambda x: x ** 2, range(5)))
print(result)
[0, 1, 4, 9, 16]
```

map()은 입력 자료의 각 요소를 함수 plus_ten에 전달하여 수행하도록 한다. 이후 수행된 결과를 묶어서 map iterator 객체로 반환한다.

문제

1 다음은 작성된 람다 표현식 함수인 plus_ten에 리스트[1,2,3]의 개별값을 처리하기 위해 map을 사용한 결과를 보인 것이다. 기본코드를 사용하여 주어진 리스트 값에 1을 더하여 결과를 출력하도록 빈칸을 완성하시오.

결과
11, 12, 13

기본코드

```
plus_ten = lambda x: x + 10
print ( 빈칸 )
```

문제풀이 리스트 [1, 2, 3]에 10을 더하기 위해 리스트를 생성하기 위해 map() 함수를 다음과 같이 적용한다.
list(map(plus_ten, [1, 2, 3]))

plus_ten 함수는 매개변수 x에 10을 더해서 반환하므로 리스트 [1, 2, 3]이 [11, 12, 13]으로 변경한다. plus_ten 대신에 람다 표현식 lambda x: x + 10을 사용하여 동일한 결과를 얻을 수 있다.

```
list(map(lambda x: x + 10, [1, 2, 3]))
[11, 12, 13]
```

map에 객체를 여러 개 넣어 사용할 수 있다. map은 리스트 등의 반복 가능한 객체를 여러개 넣어 사용할 수 있다. 다음은 두 리스트 a, b의 요소를 곱해서 새 리스트를 생성한다.

```
a = [1, 2, 3, 4, 5]
b = [2, 4, 6, 8, 10]
print (list(map(lambda x, y: x * y, a, b)))
[2, 8, 18, 32, 50]
```

filter는 boolean값을 반환하는 함수를 사용하여 이 조건에 맞으면 데이터를 반환하고 그렇지 않으면 반환하지 않는다. 즉, filter는 반복 가능한 객체에서 특정 조건에 맞는 요소만 가져오는데, filter에 지정한 함수의 반환값이 True일 때만 해당 요소를 가져온다. filter는 x > 5 and x < 10의 결과가 참인 요소만 가져오고 거짓인 요소는 버린다.

```
def f(x):
    return x > 5 and x < 10

a = [8, 3, 2, 10, 15, 7, 1, 9, 0, 11]
list(filter(f, a))
[8, 7, 9]

result = list(filter(lambda x : x > 5 and x < 10, a))
```

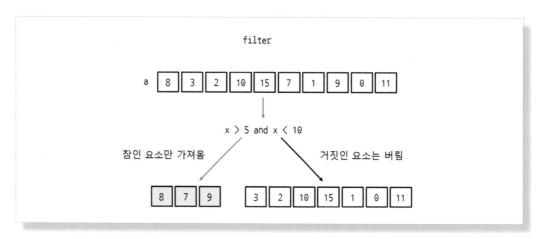

reduce는 요소를 처음부터 순차적으로 순회하여 지정된 함수로 처리한다. reduce는 반복 가능한 객체의 각 요소를 지정된 함수로 처리한 뒤 이전 결과와 누적해서 반환하는 함수이다. reduce는 파이썬 3부터 내장 함수가 아니므로 functools 모듈에서 reduce 함수를 가져와야 한다. 함수 f에서 x + y를 반환하도록 만들었으므로 reduce는 그림과 같이 요소 두 개를 계속 더하면서 결과를 누적한다.

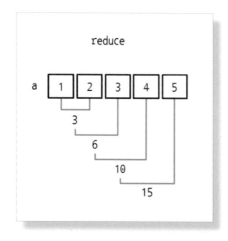

```
def f(x, y):
    return x + y

a = [1, 2, 3, 4, 5]
from functools import reduce
reduce(f, a)
15
```

9.3 람다 표현식에 조건부 표현식 사용하기

---

lambda 매개변수들: 식1 if 조건식 else 식2

---

a = [1, 2, 3, 4, 5, 6, 7, 8, 9, 10]
list(map(lambda x: str(x) if x % 3 == 0 else x, a))

- lambda의 반환값을 map()에 전달한 후 리스트의 요소를 각각 처리함.
- 요소가 3의 배수일 때는 str(x)로 요소를 문자열로 만들어서 반환했고, 3의 배수가 아닐 때는 x로 요소를 그대로 반환함.
- 람다 표현식 안에서 조건부 표현식 if, else를 사용할 때는 :(콜론)을 붙이지 않음.

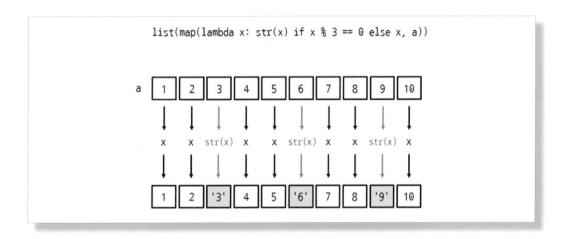

PART 10 파일 다루기

10.1 파일 분류하기

파일은 이진파일(binary file)과 텍스트파일(text file)로 구분할 수 있다. 이진파일은 실행프로 그램과 같이 컴퓨터가 이해할 수 있는 파일로서 파일을 구성하는 개별 비트가 의미를 갖는다. 정보를 효율적으로 저장하기 위한 압축파일 등이 이진파일로서 자료를 저장하고 별도의 실행 프로그램이 읽고 내용을 처리할 수 있도록 특정한 형식을 갖는다. 한편 텍스트파일은 사람이 이해할 수 있는 문자열로 저장된 파일이다. 이러한 파일은 메모장으로 읽어 내용을 확인할 수 있다. 파이썬 프로그램 파일 역시 텍스트 파일이다.

10.2 파일 생성하기

다음은 디렉터리에 newfile.txt 라는 내용이 없는 신규 파일을 생성하기 위한 코드를 작성한 것이다. 파일을 생성하기 위해서는 파이썬 내장 함수 open()을 사용한다. open 함수는 다음과 같이 "파일 이름"과 "파일 열기 모드"를 인수로 받고 결과값으로 파일 객체를 돌려준다. 파일열 기 모드는 'r', 'w', 'a' 를 가질 수 있다. 'r'은 읽기모드, 'w'은 쓰기모드, 'a'는 '추가모드' 이다. 다음 예시에서는 파일 newfile.txt를 쓰기모드로 열게됨으로써 만약 newfile.txt에 내용이 있는 경 우 내용은 없어지게 되며 파일 객체 f가 반환되게 된다.

```
f = open("newfile.txt", 'w')
f.close()
```

f.close()는 열려 있는 파일 객체를 닫아 준다. 만약 close()함수가 없는 경우 프로그램을 종료할 때 파이썬 프로그램이 열려 있는 파일의 객체를 자동으로 닫아준다.

다음은 파일 열기 후 파일객체 f에 문자열 data를 write 함수를 사용하여 파일에 쓰기를 한다.

```
f = open("newfile.txt", 'w')
for i in range(1, 11):
    data = "%d번째 줄입니다.\n" % i
    f.write(data)
f.close()
```

1 주어진 조건과 기본 코드를 참고한 후 "Hello Python"을 5회 파일에 쓰기 위한 프로그램을 완성하시오.

조건
• 쓰기를 위한 파일을 myfile.txt로 지정한다.

기본코드

```
f = open("myfile.txt", (가 빈칸) )
for i in range(1, (나 빈칸) ):
    data = "Hello Python\n"
    f.write(data)
f.close()
```

문제풀이   (가. 빈칸)에서는 쓰기 모드 지정이 필요하며, (나. 빈칸)은 반복횟수 지정을 수다.

10.3 | 파일 읽기

다음은 파일 newfile.txt에 내용을 읽기 위한 프로그램을 보인 것으로 파일에서 첫 번째 줄을 읽기 위해 readline() 함수를 사용한다. 읽은 내용은 line에 저장되며 line 내용을 화면에 출력한다.

```python
# readline_test.py
f = open("newfile.txt", 'r')
line = f.readline()
print(line)
f.close()
```

함수 readline()은 파일에서 순차적으로 한줄씩 파일에서 읽어 오기 위해 사용한다. 파일을 처음부터 끝까지 모든 파일의 내용을 읽어오기 위한 read() 또는 readlines()함수와 차이점을 갖는다. 다음은 파일 newfile.txt의 모든 줄을 읽어서 화면에 출력하기 위한 프로그램을 보인 것이다. f.readline()을 사용해 파일을 계속해서 한 줄씩 읽어 line에 저장하고 만약 더 이상 읽을 줄이 없으면 break를 수행하여 while 반복을 종료하다.

```python
f = open("newfile.txt", 'r')

while True:
    line = f.readline()
    if not line:
        break
    print(line)

f.close()
```

문제

1 주어진 조건과 기본 코드를 참고한 후 readline() 함수를 사용하여 파일 시작에서
5라인의 내용을 화면에 출력하도록 프로그램을 작성하시오.

조건

- 읽기를 위한 파일을 myfile.txt로 지정한다.

출력결과

Hello python
Hello python
Hello python
Hello python
Hello python

기본코드

```
f = open('newfile.txt', (가. 빈칸) )
for i in range(5):
    line = (나. 빈칸   )
    if not line:
        break
    print(line, end=' ')
f.close()
```

문제풀이   (가. 빈칸)은 파일 읽기모드 지정내용을 지정하고 (나. 빈칸)은 줄단위 읽기를 수행한다.

다음은 파일 newfile.txt의 모든 줄을 읽기 위해 readlines() 함수를 사용하는 것을 보인 것이다. readlines() 함수를 사용하여 한줄씩 파일 내용을 읽어 문자열 형태로 저장할 수 있으며 리스트 자료형으로 반환된다. 그러므로 readlines() 함수의 반환값을 갖는 lines의 자료형은 리스트이다.

```
f = open("newfile.txt", 'r')
lines = f.readlines()
for line in lines:
    print(line)
f.close()
```

문제

1 **readlines() 함수를 사용하여 파일을 읽은 후 파일을 구성하는 라인 수를 출력하도록 프로그램을 작성하시오.**

조건
• 읽기를 위한 파일을 myfile.txt로 지정한다

출력결과
전체 라인수 = 9

기본코드

```
f = open('newfile.txt', 'r')
lines = (가. 빈칸)
count = 0
for line in lines:
    (나. 빈칸)
f.close()

print (f'전체 라인수 = {count}')
```

문제풀이   (가. 빈칸)은 전체자료읽기를 위한 함수호출이 필요하며 (나. 빈칸)은 count값을 증가시킨다.

다음은 파일 newfile.txt의 모든 내용을 읽기 위해 read() 함수를 사용하는 것을 보인 것이다.

함수 read()는 파일의 내용 전체를 문자열로 돌려주며, data는 파일의 모든 내용을 갖는다.

```
f = open("newfile.txt", 'r')
data = f.read()
print(data)
f.close()
```

문제

1 **주어진 파일 newfile.txt을 읽은 후 글자수를 출력하도록 프로그램을 작성하시오.**

조건

- 함수 count_character()는 전달받은 자료의 자료의 문자수를 구한다.
- 프로그램은 newfile.txt을 읽기 위해 사용한다.
- 변수 total은 전체문자의 수를 갖는다.

```
def count_character(data):
    count = 0
    for i in data :
        count += len(i)
    return  count


if __name__ == '__main__':
    f = open('newfile.txt', 'r')
    (가. 빈칸) = f.readlines()
    total = 0
    for line in lines:
        (나. 빈칸 ) = count_character(line)
        total += count
    f.close()
    print (f'전체 문자수 = {total}')
```

문제풀이   (가. 빈칸)은 파일에서 읽은 모든자료를 변수에 저장한다. (나. 빈칸)은 읽은 줄이 문자수를 저장한다.

10.4 파일에 새로운 내용 추가하기

쓰기 모드('w')로 파일을 열 때 이미 존재하는 파일을 열면 그 파일의 내용이 모두 사라지게 된다. 하지만 원래 있던 값을 유지하면서 단지 새로운 값만 추가해야 할 경우 파일을 추가 모드('a')로 개방한다. 다음은 기존의 newfile.txt의 마지막에 새로운 10개의 줄을 추가하여 저장한다.

```
# adddata.py
f = open("newfile.txt", 'a')
for i in range(11, 20):
    data = "%d번째 줄입니다.\n" % I
    f.write(data)

f.close()
```

10.5 with문과 함께 사용하기

with 문과 같이 open() 함수를 사용할 수 있다. with문으로 파일 열기를 한 후에는 들여쓰기를 사용하여 파일 읽기 또는 쓰기를 수행할 수 있다.

파이썬에서 파일을 다루기 위해서는 파일을 열면 파일닫기를 해주는 것이 필요하다.

```
f = open("foo.txt", 'w')
f.write("Life is too short, you need python")
f.close()
```

with문은 with 블록을 벗어나면 열린 파일 객체 f가 자동으로 파일닫기를 위해 close() 호출을 수행하도록한다. with 문을 사용하여 파일열기 한 후 반환된 파일 객체는 as 문을 사용하여 변수명에 할당된다.

```
with open("foo.txt", "w") as f:
    f.write("Life is too short, you need python")
```

<table>
<tr><td>10.6</td><td>이진파일 다루기</td></tr>
</table>

여기서는 파이썬의 pickle 모듈을 사용한 이진파일 다루기를 프로그램 한다. pickle은 파이썬 프로그램에서 사용하는 변수의 객체들을 '있는 그대로 저장'하기 위한 기본 모듈이다. pickle은 파이썬의 자료구조를 파일에 저장하고 다시 읽기 위해서 사용하며 고유의 파일저장구조를 갖고 있으므로 파일을 읽거나 쓰기 위해서는 바이너리 모드로 파일 열기를 하여야 한다.

다음은 파이썬의 문자열 자료를 갖는 변수 s를 파일에 저장하기 위한 프로그램을 보인 것이다. pickle 패키지를 사용하기 위해 import 문을 사용하여 pickle 패키지를 가져온 후 파일열기를 위한 open()함수에서는 "wb"을 사용하여 이진파일쓰기를 지정한다. 파일의 확장자는 .pickle을 사용한다. pickle에서 제공하는 함수인 dump()를 사용하여 s의 내용을 pickle 자료 형식에 적합한 형태로 저장된다.

```
import pickle

s= "Hello, python"
with open("newfile.pickle", "wb") as f:
    pickle.dump(s, f)
```

파일에 저장된 자료를 읽기 위해서는 open()함수에서는 "rb"을 사용하여 이진파일읽기를 지정한다. 파일의 내용을 읽기 위해서는 load()함수를 사용한다.

```
import pickle


s= "Hello, python"
with open("newfile.pickle", "rb") as f:
    s1 = pickle.load(f)
```

문제

1

다음은 리스트 자료를 갖는 변수 aList 의 내용을 파일에 저장하기 위한 프로그램을 보인 것이다. ( )의 내용을 채워서 완성하시오.

```
import pickle

aList = list(range(10))
with open("newfile.pickle", "wb") as f:
    pickle.( 빈칸 )(aList , f)
```

문제풀이   (빈칸)은 pickle에 자료를 쓰기위한 함수가 사용된다.

2

다음은 파일 newfile.pickle에 저장된 내용을 읽어 변수 aList 에 저장하기 위한 프로그램을 보인 것이다. ( )의 내용을 채워서 완성하시오.

기본코드

```
import pickle
with open("newfile.pickle", (가 빈칸) ) as f:
    (나. 빈칸 ) = pickle.load(f)
```

문제풀이   (가. 빈칸)은 읽기모드 지정값이 필요하며, (나. 빈칸)은 변수명이 지정되어야 한다.

11 정렬알고리즘

정렬은 어떤 데이터들이 주어졌을 때 이를 정해진 순서대로 나열하는 문제로 정의된다. 컴퓨터 분야에서 효율적으로 필요한 자료를 찾는 경우 숫자의 순서나 어휘의 순서대로 정렬한 다음 사용하는 것이 효과적이다. 최근 컴퓨터가 다뤄야 할 데이터는 지속적으로 증가하고 있으므로 이들 자료를 다루기 위해 자료 정렬은 필수적이다. 검색할 대상 데이터가 정렬되어 있지 않다면 순차 검색 이외에 다른 알고리즘을 사용할 수 없지만 데이터가 정렬되어 있다면 이진 검색이라는 강력한 알고리즘을 사용할 수 있다

정렬은 n개의 원소로 구성된 리스트를 순서대로 배열하는 것이다. 여기서는 두 개의 그룹으로 정렬알고리즘을 분류한다. 첫 번째 그룹은 기본정렬알고리즘으로 선택 정렬, 버블 정렬 및 삽입 정렬이 포함된다. 두 번째 그룹은 고급정렬알고리즘으로 병합정렬과 퀵 정렬이 포함된다. 두 그룹의 수행시간을 비교하면 기본정렬알고리즘보다 고급정렬알고리즘이 우수하다. 고급정렬알고리즘은 분할정복 전략을 기반으로 하고 있으며 재귀호출이 적용된다.

11.1 선택 정렬(selection sort)

선택 정렬은 간단한 정렬알고리즘으로 크기가 n인 주어진 배열 A[0..n-1]에서 가장 큰 원소를 찾아 이 원소를 배열의 마지막 끝자리에 있는 A[n-1] 과 자리를 교환한다. 가장 큰원소는 자기 자리를 찾게 되고 나머지 자료에 대해서도 동일한 작업을 반복한다.

선택 정렬에서 입력은 배열 A[0...n-1] 이다. 주어진 알고리즘의 변수 max_idx는 정렬한 배열의 맨 마지막 색인, 즉, 배열의 크기를 나타낸다. 처음에는 배열의 크기가 n으로 시작하므로 A[0.. n-1]을 정렬 대상으로 지정한다. 가장 큰 수를 찾아 제자리에 위치할 때까지 배열의 last는 1씩 줄어든다. 맨 처음에는 배열의 크기가 n으로 시작하고 그 다음 반복 루프에서는 n-1 (A[0 ...

n-2)이 된다), n - 2(정렬할 배열은 A[0 ... n -2]가 된다), 마지막으로 크기가 2인 배열 A[0..1] 의 두 원소 중 큰 원소를 A[1]에 위치하면 A[0]는 가장 작은 원소가 위치하게 되며 정렬을 종료한다.

```python
A = [89, 25, 12, 22, 11,88]

# Traverse through all array elements
for last in range(len(A)-1,1,-1):
    max_idx = last
    for j in range(0, last):
        if A[max_idx] < A[j]:
            max_idx = j
    A[i], A[max_idx] = A[max_idx], A[i]

print ("Sorted array")
for i in range(len(A)):
    print("%d" %A[i]),
```

문제

1 다음의 문장의 수행결과로서 올바른 내용을 찾으시오.

```python
A = [ 25, 89, 12, 22, 11,88]
max_idx = 0
for j in range(0, len(A)):
    if A[max_idx] < A[j]:
        max_idx = j
print (max_idx)
```

① 89   ② 0   ③ 1   ④ 2

문제풀이   리스트 A에서 자료의 최댓값을 찾아 리스트 A의 인덱스를 출력한다.

11.2 버블 정렬

버블 정렬은 정렬 알고리즘 중에서 가장 간단하면서, 컴퓨팅적 사고 관점에서 직관적인 알고리즘이다. 두 인접한 원소를 비교하여 큰 수를 뒤로 보내는 방법으로 정렬하는 알고리즘이다.

선택 정렬과 같이 제일 큰 원소를 교환하는 작업을 반복한다. 차이점은 제일 큰 원소를 오른쪽으로 옮기는 방법이 다르다. 전체 배열에 대해 인접 원소간의 비교 후 자료의 순서가 올바르지 않으면 교환한다. 두 개의 for 루프로 구성되어 있다. 첫 번째 for 루프는 가장 큰 원소를 맨 왼쪽으로 보내고 정렬할 배열의 크기를 하나씩 줄인다. 두 번째 for 루프는 이웃하는 두 원소를 비교하면서 순서가 제대로 되지 않으면 두 수를 교환한다.

```python
def bubbleSort(arr):
    n = len(arr)
    for last in range(n-1):  # 1
        for j in range(0, n-last-1):  # 2
            if arr[j] > arr[j+1] :
                arr[j], arr[j+1] = arr[j+1], arr[j]


arr = [64, 34, 25, 12, 22, 11, 90]
bubbleSort(arr)
print ("Sorted array is:")
for i in range(len(arr)):
    print (arr[i], end=' ')
```

문제

1 **다음은 버블 정렬 함수를 작성한 것이다. (가) - (다) 의 빈칸을 채우시오.**

```
def bubbleSort(arr):
    (가  ) = len(arr)
    for last in range(n-1):  # 1
        for j in range(0, n-last-1):  # 2
            if arr[j] > (나     ):
                (다.            )
```

문제풀이   버블 정렬 위해 리스트 길이 지정이 필요하며, 자료값 비교 및 자료교환이 요구된다.

11.3 | 삽입 정렬

삽입 정렬은 이미 정렬되어 있는 i번째 리스트 배열에 하나의 원소를 더하여 정렬된 i+1 개짜리 배열을 만드는 과정을 반복한다. 손에든 카드를 정렬하는 방법과 유사하다. 정렬 범위를 1칸씩 확장해나가면서 새롭게 정렬 범위에 들어온 값을 기존 값들과 비교하여 알맞은 자리에 위치시킨다. 부분적으로 정렬된 배열에 대해서 자료 비교횟수가 줄어듬에 따라 성능이 크게 개선된다.

```
def insertionSort(arr):
 for i in range(1, len(arr)):
     key = arr[i]
     j = i-1
     while j >=0 and key < arr[j] :
         arr[j+1] = arr[j]
         j -= 1
     arr[j+1] = key


arr = [12, 11, 13, 5, 6]
```

```
insertionSort(arr)
print ("Sorted array is:")
for i in range(len(arr)):
 print ("%d" %arr[i], end =' ')
```

문제

1 다음은 삽입 정렬 함수를 작성한 것이다. 조건을 참고하여 (가) - (다) 의 빈칸을 채우시오.

조건

- 가) 함수 insertionSort() 의 매개변수명
- 나) 삽입 정렬을 위해 사용되는 arr의 비교 시작 색인
- 다) 이동(shift) 위해 사용되는 arr의 자료

```
def insertionSort(arr):
 for i in range(1, len(가. 빈칸)):
   key = arr[i]
   j = (나. 빈칸)
  while j >=0 and key < arr[j] :
    arr[j+1] = (다. 빈칸)
    j -= 1
  arr[j+1] = key
```

문제풀이 (가. 빈칸)은 자료의 크기값, (나. 빈칸)은 비교시작 위리
    (다. 빈칸)은 자료 이동이 필요한 arr의 값을 지정한다.

11.4 합병(병합) 정렬

병합정렬은 분할 정복 (Devide and Conquer) 기법과 재귀 알고리즘을 이용해서 정렬 알고리즘이다.

병합정렬 알고리즘은 입력을 반으로 나누고 나누어진 전반부와 후반부를 각각 독립적으로 정렬한다. 마지막으로 정렬된 두 부분을 합쳐서 병합하여 정렬된 배열을 얻는다. 분할 과정에서는 주어진 배열을 원소가 하나 밖에 남지 않을 때까지 계속 둘로 분할한 후 이를 위해 재귀호출이 사용된다. 이후 나누어진 배열을 다시 크기 순으로 재배열하면서 원래 크기의 배열로 합친다. 두 개의 배열을 병합할 때 병합 결과를 담아 놓을 배열이 추가로 필요하다. 병합정렬 알고리즘을 3개의 단계로 구성하면 다음과 같다.

1. 분할: 입력데이터 L를 둘 이상의 n/2개의 원소를 가진 두 개의 서브리스트로 분할한다. 이 과정에서 L_1과 L_2 분할됨
2. 정복: $L_1, L_2, ...$ 각각에 대한 부분문제를 재귀적으로 정렬을 수행함
3. 통합: L_1과 L_2를 순서에 따라 합병함

```python
def mergeSort(arr):
    if len(arr)>1:
        mid = len(arr)//2
        left = arr[:mid]
        right = arr[mid:]
        l = mergeSort(left)
        r = mergeSort(right)
        return merge(l, r)
    else:
        return arr

def merge(left, right):
    i = 0
    j = 0
```

```python
    arr = []

    while (i<len(left)) & (j<len(right)):
        if left[i] < right[j]:
            arr.append(left[i])
            i+=1
        else:
            arr.append(right[j])
            j+=1
    # 왼쪽 부분이 남은경우
    while (i<len(left)):
        arr.append(left[i])
        i+=1
    # 오른쪽 부분이 남은경우
    while (j<len(right)):
        arr.append(right[j])
        j+=1

    return arr

arr = [38, 27, 43, 3, 9, 82, 10]
print(arr)
print(mergeSort(arr))
```

11.5 퀵 정렬

퀵 정렬은 합병정렬과 같이 분할 정복(divide and conquer) 알고리즘의 하나로, 평균적으로 매우 빠른 수행 속도를 가지며 실제 환경에서 가장 많이 사용되는 정렬알고리즘이다. 분할 정복방법으로 문제를 작은 2개의 문제로 분리하고 각각을 해결한 다음, 결과를 모아서 원래의 문제를 해결하는 전략으로서 재귀 호출을 이용하여 구현한다.

- 정렬 자료인 리스트 안에 있는 한 요소를 선택한다. 선택된 원소를 기준원소인 피벗(pivot) 이라고 함
- 피벗을 기준으로 피벗보다 작은 요소들은 모두 피벗의 왼쪽으로 옮겨지고 피벗보다 큰 요소들은 모두 피벗의 오른쪽으로 옮겨 리스트 내의 자료를 재배치함 (피벗을 중심으로 왼쪽: 피벗보다 작은 요소들, 오른쪽: 피벗보다 큰 요소들)
- 부분 리스트에서도 다시 피벗을 정하고 피벗을 기준으로 2개의 부분 리스트로 나누는 과정인 파티션(partition)을 반복함
- 부분 리스트들이 더 이상 분할이 불가능할 때까지 반복함
- 피벗을 제외한 왼쪽 리스트와 오른쪽 리스트를 다시 정렬함
- 분할된 부분 리스트에 대하여 재귀 호출을 이용하여 정렬을 반복함

```
def quicksort(arr):
    if len(arr) <= 1:
        return arr
    pivot = arr[len(arr) // 2]
    left = [x for x in arr if x < pivot]
    middle = [x for x in arr if x == pivot]
    right = [x for x in arr if x > pivot]
    return quicksort(left) + middle + quicksort(right)

arr = [3,6,8,10,1,2,1]
sorted = quicksort(arr)

print (sorted)
```

정렬된 배열에서 기준원소를 정한다. 여기서는 자료 리스트의 중간 원소를 기준원소로 설정한다. 설정된 기준원소를 중심으로 더 작은 수는 왼쪽으로, 큰 수는 오른쪽으로 재배치한다. 기준원소는 분할된 양쪽 자료 리스트 사이에 위치한다. 이후 분할된 왼쪽 부분 리스트를 따로 정렬하고 오른쪽 리스트에서 정렬을 진행한다.

```python
def quicksort(arr):
    def sort(low, high):
        if high <= low:
            return

        mid = partition(low, high)
        sort(low, mid - 1)
        sort(mid, high)

    def partition(low, high):
        pivot = arr[(low + high) // 2]
        while low <= high:
            while arr[low] < pivot:
                low += 1
            while arr[high] > pivot:
                high -= 1
            if low <= high:
                arr[low], arr[high] = arr[high], arr[low]
                low, high = low + 1, high - 1
        return low

    return sort(0, len(arr) - 1)
```

PART 12 검색 알고리즘

12.1 선형 검색(Sequence search)

데이터가 모인 집합(배열, 링크드리스트 등)의 처음부터 끝까지 하나씩 순서대로 비교하며 원하는 값을 찾아내는 알고리즘이다. 선형 검색은 배열의 정렬 여부와 상관없이 동작하는 장점이 있지만, 배열의 모든 요소를 확인해야 하는 단점이 있다. 이에 따라 데이터의 양이 많아지면 검색에 소요되는 시간도 비례하여 많아진다. 선형 검색은 자료가 정렬되어 있지 않아도 되며, 다음의 선형 검색의 특징을 보인 것이다.

- 적은 자료에서 검색할 때 효율적이다.
- 검색 알고리즘이 간단하나 속도가 느리다.
- 최대 비교회수는 n
- 검색의 평균 비교 횟수 n/2 (n은 원소수)

12.2 이진 검색 (binary search)

선형 검색의 경우 데이터 집합의 처음에서 시작하여 끝까지 탐색하는 알고리즘이지만 이진 검색은 선형 검색과는 달리 정렬된 배열에서만 동작한다. 선형 검색은 배열의 모든 요소를 확인해야 하지만 이진 검색은 중간값과 검색 대상 값을 비교하여 검색 범위를 매번 반으로 줄여 나간다. 이진검색은 데이터를 계속 반으로 나누면서 연산하기 때문에 검색속도가 선형 검색보다 매우 빠르다는 장점을 가지고 있다. 다음은 이진검색의 특징을 정리한 것을 보인 것이다.

- 서로 다른 정수들을 원소로 갖고 있는 정렬되어 있는 리스트를 대상으로 함
- 중간값과 검색 대상 값을 비교하여 검색 범위를 매번 반으로 줄여나감
- 순차적으로 탐색하는 것보다 훨씬 효율적임

다음의 binary_search() 함수는 이진검색 알고리즘을 작성한 것을 보인 것이다. 함수 호출을

통해 정렬된 리스트인 sorted_list와 검색을 위한 값인 searchnum가 전달되며 리스트 안에 해당 값이 존재한다면 인덱스 값을, 존재하지 않는다면 -1을 반환한다.

```python
def binary_search(searchnum, sorted_list):
    left = 0
    right = len(sorted_list)-1

while(left <= right):
    ## middle은 left와 right의 중간지점
    middle = (left+right)//2

    ## searchnum이 list[middle]보다 작다. right = middle-1
    if searchnum < sorted_list[middle]:
        right = middle - 1
    ## searchnum이 list[middle]보다 크다. left = middle+1
    elif sorted_list[middle] < searchnum:
        left = middle + 1
    ## searchnum이 list[middle]과 같다. 인덱스 반환
    else:
        return middle
## while문을 빠져나오는 경우 : right < left
## 즉, 리스트 안에 searchnum이 존재하지 않는다
return -1

value = 15
array = [1,2,3,5,6,7,9,10,11,13,14,15,16,17,20,21]

binary_search(value, array)
```

문제

1 이진검색을 위해 다음 조건을 참고하여 자료의 중간값을 구하기 위한 코드의 빈칸을 채우시오.

조건
- 자료는 리스트 A에 저장한다.
  A = [1,2,3,5,6,7,9,10]
- 자료의 왼쪽시작 색인은 변수 left 가 저장한다.
- 자료의 마지막 색인은 변수 right가 저장한다.

관련코드
```
left = (가 빈칸)
right = len(A) -1
middle = (나 빈칸)
```

12.3	최솟값, 최댓값 검색

다음은 두수 x와 y의 값을 비교하여 두수의 최솟값과 최댓값을 구하기 위한 함수 min()과 max()를 보인 것이다.

```
def max(x,y):
    if x > y:
        return x
    else:
        return y


def min(x,y):
    if x < y:
        return x
    else:
        return y
```

문제

1 다음의 출력 결과로 올바른 것을 찾으시오.

```
def min(x,y):
    if x < y:
        return x
    else:
        return y
print ("최솟값 %d" % min(10, 20))
```

① 10   ② 20   ③ -10   ④ 0

문제풀이   두 수 10과 20의 최솟값이 출력된다.

여러개의 자료로 구성된 리스트에서 최솟값과 최댓값을 구하기 위해서는 다음과 같이 반복문을 사용하여 최댓값과 최솟값을 찾는 과정이 필요하다. 이를 위해 리스트인 numbers의 첫 번째 자료를 최댓값 largest과 최솟값 smallest 으로 가정한다. 이후 2번째 자료에서 마지막 자료까지 현재의 최솟값과 현재의 값을 비교하여 현재의 값이 작은 경우 최솟값을 갱신하고, 현재의 값이 큰 경우 최댓값을 갱신하는 과정을 반복한다.

```
numbers = [1,2,3,4, 5, 6]

smallest = largest = numbers[0]

for j in range(1, len(numbers)):
    if(smallest > numbers[j]):
        smallest = numbers[j]
        min_position = j
    if(largest < numbers[j]):
        largest = numbers[j]
        max_position = j

print ("smallest = ", smallest)
print ("largest = ", largest)
```

PART 13   컴퓨팅 사고

13.1   개요

정보통신 기술이 빠르게 발전하고 변화되는 사회에서 전통적 방식인 우리의 사고는 변화가 필요하다고 하는 주장이 대두되었다. 미국 카네기멜론 대학교의 자넷윙 교수는 2006년 컴퓨팅 사고(computational thinking) 의 개념을 컴퓨터 관련 저널인 ACM에 소개하였다. 자넷 윙은 컴퓨팅 사고를 "컴퓨터처럼 생각하는 능력은 현대를 사는 인간이라면 누구나 갖추어야할 보편적인 필수역량이다"라고 강조하였다. 구글에서는 이를 기반으로 탐색적 컴퓨팅 사고를 제안하였으며 컴퓨팅 사고의 다양한 기술을 다음과 같이 정의하였다.

- 문제해결을 위해 컴퓨터나 도구를 사용할 수 있도록 문제를 표현한다.
- 논리적으로 데이터를 구성하고 분석한다.
- 달성할 목표를 위한 효율적인 단계를 통해 가능한 해법을 확인하고 분석하여 실행한다.
- 모델이나 시뮬레이션과 같은 추상화를 통해 데이터를 표현한다.
- 일련의 순서화된 알고리즘적인 사고를 통해 해결책을 자동화한다.
- 문제 해결 과정을 일반화하여 다른 문제 해결에 적용한다.

컴퓨팅 사고는 컴퓨터의 능력을 바탕으로 문제를 효율적으로 해결하기 위한 깊은 사고력을 융합하는 것으로 문제 분석에서 알고리즘 설계의 과정을 포함한다. 컴퓨팅 사고의 결과인 알고리즘은 이후 프로그래밍을 통해 컴퓨터로 구현된다.

다음은 컴퓨팅 사고의 주요 요소로 강조한 핵심적인 사고를 4가지로 요약하여 정리한 것이다. 4가지 사고인 분해, 패턴인식, 추상화, 알고리즘은 모든 단계를 반드시 진행해지 않아도 되며 필요에 따라 병행하여 진행하기도 한다.

주요 요소	의미
분해(Decomposition)	복잡하고 어려운 문제를 잘게 쪼개어 분할하여 해결하는 접근방법
패턴인식(Pattern recognition)	문제를 보다 효율적으로 해결하기 위해 유사성과 패턴을 발견하는 과정
추상화(Abstraction)	주어진 문제에서 필요없는 부분들을 걸러내고 필수적인 부분을 분리해서 문제해결에 집중하는 과정
알고리즘(Algorithm)	주어진 문제를 해결하기 위해 일련의 논리적인 지시명령으로 설계하는 과정

컴퓨팅 사고는 우리의 전통적인 사고방식에서 컴퓨터를 활용한 문제해결 과정으로 전환에 도움을 준다. 컴퓨팅 사고는 컴퓨터과학자에게만 적용되는 것이 아니라 누구에게나 일반적으로 적용되는 사고방식과 기술의 집합입니다. 다양하고 복잡한 문제해결을 위해 컴퓨팅 사고에 대한 필요성이 증가되고 있다.

13.2 분해

우리가 접하는 많은 문제들의 경우 여러개의 작은 부분으로 나누어 이를 검토해 가며 해결하는 경우가 많다. 이와 같이 복잡한 문제나 시스템을 작은 여러개의 부분으로 나누어 해결하는 개념 또는 과정을 분해라고 한다.

우리가 서양식 아침을 준비한다고 가정할 때 아침식사 준비를 작은 일로 분해하여 여러사람과 나누어 진행한다면 효율적일 수 있다. 다음은 아침식사는 과정을 토스트 만들기와 차준비하기로 분해한 것을 보인 것이다. 토스트 만들기는 다시 빵썰기, 빵굽기, 버터바르기, 쨈 추가하기의 과정으로 분해할 수 있다. 차준비하기는 물끓이기, 차넣기, 설탕넣기 과정으로 분해할 수 있다.

분해과정에서 주어진 문제를 작은 부분으로 분해하는 부분에서는 분석(analysis)가 수행되며, 주어진 문제의 해답을 모아서 합치는 과정에서는 합성(synthesis)가 진행된다. 작은 문제를 해결하는 과정에서 동시에 일을 처리할 수 있는 병렬처리가 적용될 수 있다. 우리가 식사를 준비할 때 토스트 만들기와 차준비하기를 병렬처리할 수 있다.

대표적인 분해가 적용된 프로그래밍 기법으로는 분할 정복(divide and conquer) 방법이 있을 수 있다. 분할 정복을 통해 정렬된 숫자에서 자료를 탐색하는 경우 순차적으로 탐색하는 것보다 이진탐색(binary search)은 자료의 중간에 있는 값을 찾고자하는 탐색값과 비교하고 중간값보다 작으면 자료의 전반부에 있으므로 자료의 후반부를 탐색의 범위에서 제외할 수 있다. 이러한 이진탐색은 한번 비교할 때마다 탐색의 범위가 절반으로 줄어드는 이점을 가질 수 있다.

분해의 분할정복 방법으로는 일상생활에서 도난사과의 범죄시간을 추정하기 위해 CCTV 영상을 처음부터 살펴보지 않고 중간위치에서 범죄발생을 확인한 후 중간의 전반부 또는 후반부를 살펴보는 곳에서도 적용할 수 있다.

(문제) 컴퓨팅 사고는 인간의 사고능력과 컴퓨터 능력을 통합하는 사고로서 (빈칸) 과정을 통해 어려운 문제를 잘게 쪼개어 해결하는 과정이 필요로 한다. (빈칸)에 적합한 내용을 제시하시오.
문제풀이 분해에 대한 설명으로 복잡하고 어려운 문제를 나누는 작업을 의미한다.

13.3 | 패턴인식

복잡한 문제를 관찰하고 분해하는 과정에서 유사점(similarity)과 패턴(pattern)을 발견할 수 있으며 우리가 발견한 유사점과 패턴은 복잡한 문제를 효율적으로 해결하는 데 도움이 된다. 패턴인식은 문자, 물체, 음성 등의 시각 및 청각패턴들을 인식하여 높은 수준의 상황을 인식하는 개념적 인식에서도 적용된다. 우리는 패턴인식을 통해 유사성, 자료의 특징 및 속성을 찾을 수 있다. 일예로 패턴인식은 동일한 내용이 반복되는 경우 함수로 구성하여 재사용하기 위한 과정에서 사용된다.

패턴인식은 1800년대 후반 런던의 콜레라 발생 원인을 찾는 과정에서 주요한 역할을 수행하였다. 런던의 많은 시민들은 원인모를 전염병의 위험에 노출되었으며 의사인 존 스노우(John Snow)는 오염된 물을 통해 콜레라가 전파된 것을 콜레라 발병 시기와 발병 장소 사이의 패턴을 조사하여 찾았다. 이러한 역학조사 과정은 현대에서도 감염병의 원인을 규명하기 위해 사용되고 있다.

다음과 같은 숫자들의 리스트에서 우리가 피보나치 수열(Fibonnaci sequence)의 패턴은 발견한다면 13 다음의 값이 21이 예상됨을 알 수 있다. 피보나치 수열은 해당 수열의 제 1항을 1,

제2항을 2로 두고, 세번째 항부터는 바로 앞의 두 수를 더한 수로 놓는다.

1, 1, 2, 3, 5, 8, 13

여러 종류의 찌개를 만드는 방법을 살펴보면 찌개 요리에는 재료를 써는 과정 및 물을 끓이는 과정과 같은 공통적은 과정을 식별할 수 있다. 우리는 일상에서 문제의 해결책을 검토하는 과정에서 문제의 해결책 사이에 유사점을 발견함으로서 새로운 유사한 문제의 해결책을 효과적으로 찾을 수 있다.

(문제) 김치째개와 된장찌재 만드는 과정에서 공통된 과정(패턴)을 2개 찾아 쓰시오.
문제풀이 찌개 요리의 공통점으로는 "물을 끓인다" 와 같은 과정을 갖는다.

(문제) 다음 자료값을 보고 패턴을 찾은 후 (빈칸)의 수를 찾으시오.
　　　1　1　2　3　5　8　13　(빈칸)
문제풀이 피보나치 수열을 패턴으로 보인 것으로 (빈칸)은 (빈칸) 이전의 2개 값의 값을 갖는다.

13.4 　추상화

미술 회화에서 피카소는 대표적인 추상화가로서 그는 "실체가 있는 것에서 출발해 실재의 흔적을 지워나갈 수 있다며, 이런 과정에서 아무리 지운다 해도 지워지지 않는 표시를 남긴다"고 하였으며, 작품 제작과정에서는 사물의 본질적인 특징 또는 개념을 찾아가는 과정을 수행하였다. 추상화는 문제해결에 필요하지 않은 불필요한 특징(feature)를 제거하고 핵심적인 특징을 추출한 후 이들간의 관계를 추론하는 과정이다. 컴퓨팅 사고의 추상화는 2가지의 과정으로 이루어진다.

- 문제를 쉽게 해결하기 위하여 불필요한 세부 사항을 제거하는 과정
- 복잡한 시스템의 공통적인 특성을 일반화(generalization) 하는 과정

다음 과일에서 시각적 특징을 중심으로 형태상의 연관성이 가장적은 것을 고르고 이유를 찾아보자.

1) 사과　2) 수박　3) 복숭아　4) 포도

위의 4가지 과일에서 포도를 제외한 나머지 과일들은 시각적 특징에 차이점을 갖는다. 포도는 여러 개의 포도알로 이루어진 형태상의 특징을 갖는다.

추상화는 컴퓨팅 사고의 네 가지 기본요소로서 불필요한 세부 정보를 필터링하면서 문제의 모델(model)을 생성할 수 있다. 우리는 일상에서 도로 위의 표지판이나 각종 심볼을 통해 추상화의 결과를 보게 된다.

- 컴퓨터의 이진수 역시 전기신호를 0과 1로 추상화한 것이다.
- 함수는 매개변수의 전달을 통해 코드를 재사용할 수 있도록 한 추상화의 결과이다.
- 컴퓨터 시뮬레이션은 실세계의 추상화의 결과로서 해결하고자 하는 문제의 과점에서 핵심적인 사항을 추출하여 진행한다.

(문제) 컴퓨팅 사고 과정 중 불필요한 부분을 제거하고 문제의 핵심 내용을 추출하여 모델을 만드는 (빈칸)은 규칙과 원리를 작업을 필요로 한다. (빈칸)에 적합한 내용을 제시하시오.
문제풀이 불필요한 부분을 제거하고 모델을 만드는 과정은 추상화 과정의 수행 내용이다.

(문제) 사물을 분류하기 위해서는 "줄무늬" 유무와 같은 사물의 중요한 시각적 (빈칸)을 추출하는 과정이 필요하다. (빈칸)에 가장 적합한 내용을 제시하시오.
문제풀이 (빈칸)은 특징 또는 특성에 대한 부분에 대한 내용이 포함되어야 한다.

13.5 | 알고리즘

알고리즘은 문제를 해결하기 위한 단계적인 절차이다. 작성된 알고리즘은 프로그래밍 언어로 구현된다. 우리 일상에서 알고리즘은 요리법(recipe)로 이해할 수 있다. 빵을 만드는 과정을 살펴보면 재료준비에서 반죽하기, 발효하기 및 오븐에 굽기와 같은 단계별 절차를 갖는다. 요리법의 절차에서 순서가 잘못되는 경우 빵이 만들어지지 않게 되며, 이는 알고리즘 작성과정에서 논리적 흐름이 잘못되며 주어진 입력에 따른 올바른 출력결과를 얻지 못하는 것과 유사하다. 알고리즘은 특정한 일을 수행하는 명령어의 집합으로 명령어는 모호하지 않아야하며, 한정된 수의 명령어 실행 후 에는 알고리즘은 종료되어야 한다. 각 명령어는 실행가능한 연산이어야 한다. 알고리즘의 시작전에는 0개 이상의 입력이 필요하며 출력은 1개 이상이 생성된다.
문제 해결을 위한 알고리즘은 여러개가 있을 수 있다. 1에서 10까지의 합을 구하는 문제의 3개의 알고리즘을 설계할 때 3개의 알고리즘은 동일한 입력에 따라 올바른 연산결과 55를 출력한다. 그러나 3개의 알고리즘은 수행에 필요한 연산의 수가 다르며 3번째 알고리즘은 첫 번째와 두 번째에 비해 효율적이다. 알고리즘 연산의 수를 고려하면 1번, 2번, 3번 순으로 효율성이 개선된다.

1) 1부터 10까지의 숫자를 하나씩 더한다.

$1 + 2 + 3 + \ldots + 9 + 10 = 55$

2) 두수의 합이 11이 되도록 숫자의 쌍을 구성한 숫자쌍의 수와 11을 곱한다.

$(1 + 10) = 11$

$(2 + 9) = 11$

$(3 + 8) = 11$

$(4 + 7) = 11$

$(5 + 6) = 11$

$11 * 5 = 55$

3) 다음의 공식을 사용하여 계산한다.

$10 * (10 + 1) / 2 = 55$

(문제) 컴퓨터는 주어진 문제를 해결하기 위해 인간이 설계한 (빈칸)을 프로그램으로 작성하여 자동화 할 수 있다. (빈칸)은 문제해결을 위한 절차를 제시한다. (빈칸)에 적합한 내용을 채우시오.

문제풀이 (빈칸)은 알고리즘에 대한 설명이다.

(문제) 문제해결을 위한 단계적인 절차인 알고리즘은 (빈칸) 개 이상의 입력이 사용된다. (빈칸)에 적합한 숫자를 찾으시오.

문제풀이 알고리즘의 입력은 0 개 이상 사용된다.

파이썬마스터 3급

인 쇄 일 2021년 6월 25일 초판 1쇄
발 행 일 2021년 7월 1일
편 저 자 강윤희·남성현·박용범 공저
발 행 인 최영무
발 행 처 ㈜명진씨앤피
등   록 2004년 4월 23일 제 2004-000036호
주   소 서울시 영등포구 경인로 82길 3-4 616호
전   화 편집 구입문의 02-2164-3005
팩   스 02-2164-3020
가   격 18,000원

ISBN 978-89-92561-50-1(13000)